Einführung von Cloud Computir

Mac-Kingsley Ikegwuru

Einführung von Cloud Computing-Diensten und Leistung der Lieferkette

von Einzelhandelsunternehmen für Erdöl im nigerianischen Bundesstaat Rivers

ScienciaScripts

Imprint

Any brand names and product names mentioned in this book are subject to trademark, brand or patent protection and are trademarks or registered trademarks of their respective holders. The use of brand names, product names, common names, trade names, product descriptions etc. even without a particular marking in this work is in no way to be construed to mean that such names may be regarded as unrestricted in respect of trademark and brand protection legislation and could thus be used by anyone.

Cover image: www.ingimage.com

This book is a translation from the original published under ISBN 978-620-7-47801-9.

Publisher:
Sciencia Scripts
is a trademark of
Dodo Books Indian Ocean Ltd. and OmniScriptum S.R.L publishing group

120 High Road, East Finchley, London, N2 9ED, United Kingdom
Str. Armeneasca 28/1, office 1, Chisinau MD-2012, Republic of Moldova, Europe

ISBN: 978-620-8-11083-3

Copyright © Mac-Kingsley Ikegwuru
Copyright © 2024 Dodo Books Indian Ocean Ltd. and OmniScriptum S.R.L publishing group

QUITTUNG

Ich bleibe Gott, dem allmächtigen Vater, der größten aller Inspirationen, dankbar dafür, dass er mich begleitet, beschützt und unterstützt hat. Dank an meinen Mentor: Prof. N.G. Nwokah, der eine tragende Säule für meinen akademischen Erfolg ist. Ich weiß Prof. N.G. Nwokah aufrichtig zu schätzen,
G.A. Okwandu, Prof. J.U.D. Didia und Prof. A.F. Wali für ihre professionelle Anleitung und konstruktive Kritik an allen Kapiteln dieser Arbeit. Ohne sie wäre diese Studie nicht in dieser Form fertiggestellt worden. Ich danke Prof. B.A. Opara aufrichtig für seine konstruktiven Kommentare und die Bearbeitung dieser Studie und Dr. H. Harcourt für seine nützlichen Ratschläge und Ermutigungen. Ich schätze aufrichtig Prof. P.M. Nadube, Dr. Kenneth Adiele, Dr. (Frau) S.C. Nwulu, Dr. (Frau) J. Gladson-Nwokah, Dr. (Frau) N. Alex-Akekwe, Dr. (Frau) H. I. Ogan, Dr. (Frau) L. E. Hamilton-Ibama, Dr.(Frau) H. P. Jaja, Dr. (Frau) I. R. Damian-Okoro, Dr. G. C. Ogonu, Dr. W. B. Ateke, Dr. E. L. Poi, Dr. E. Ihunwo, Dr. S. M. Owuso und Dr. O. Agburum, und anderen akademischen und nicht-akademischen Mitarbeitern der Abteilung für Marketing, Fakultät für Verwaltung und Management, Rivers State University, Port Harcourt, für das gute Arbeitsklima in der Abteilung. Ich danke auch Herrn Godspower Ichemati für seine nützliche Unterstützung. Ich schätze meinen Schwiegersohn, Engr. Gerald Akamziricha Wachukwu, sehr für seine Ermutigungen. Aufrichtig dankbar bin ich meinen Brüdern Hon. Solomon Ikegwuru und Mr. Innocent Ikegwuru für ihre Unterstützung und ständige Ermutigung. Ich schätze meine Frau Charity sehr für ihr Verständnis während dieser Arbeit, und meine Kinder Makepeace, Anesthesia, Uriel und Joachim. Ihr Beitrag war enorm, bitte nehmen Sie sich diese Leistung zum Vorbild für Ihr Leben.

DEDICATION

Dieses Buch ist meinen Studenten gewidmet, sowohl im Grundstudium als auch im Hauptstudium.

INHALTSVERZEICHNIS

QUITTUNG 1
DEDICATION 2
KAPITEL 1 EINFÜHRUNG 4
KAPITEL 2 BESPRECHUNG DER EINSCHLÄGIGEN LITERATUR 10
KAPITEL 3 FORSCHUNGSMETHODIK 26
KAPITEL 4 DARSTELLUNG UND ANALYSE DER DATEN 33
KAPITEL 5 DISKUSSION DER ERGEBNISSE 61
KAPITEL 6 ZUSAMMENFASSUNG DER ERGEBNISSE SCHLUSSFOLGERUNGEN UND EMPFEHLUNGEN 64
REFERENZEN 69
QUESTIONNAIRE 72
ÜBER DEN AUTOR 77

KAPITEL 1 EINLEITUNG

1.1 : Hintergrund der Studie

Es ist wichtig zu erwähnen, dass jedes Unternehmen, das weitsichtig bleiben und sich im bestehenden Geschäftsumfeld behaupten will, die Informationstechnologie (IT) nutzen muss, um sein Wachstum oder seinen Fortschritt zu beschleunigen. Der Grund dafür ist, dass sich der Bereich der Technologie dynamisch entwickelt und Unternehmen, die sich in der hart umkämpften Unternehmenslandschaft durchsetzen wollen, technologische Innovationen aufgreifen und sich schrittweise in Richtung einer verbesserten Technologie bewegen müssen. Das Aufkommen des Internets hat es für die Unternehmen zwingend erforderlich gemacht, ihre Geschäftsabläufe zu überdenken, z. B. Cloud Computing, eine neue Möglichkeit für die Unternehmen, diese Technologie in ihren Abläufen für eine optimale Leistung der Lieferkette einzusetzen.

Cloud Computing ist die jüngste Erweiterung der IT-Infrastruktur, die in den 2000er Jahren als Dienstprogramm entstanden ist (Chen, Chuang & Nakatani, 2016) und drei Dimensionen umfasst: Software, Plattform und Infrastruktur (Chen, Chuang & Nakatani, 2016: Lal & Bharadwaj, 2016; Mell & Grance, 2011). Eine Untersuchung von Cloud Computing und Supply Chain Performance ist unumgänglich, da sie in jüngster Zeit einen erheblichen Fokus in der Wirtschaft und der Domäne erlangt haben. Das Management schätzt es, da es in der Wissenschaft und in der Industrie eine ermutigende Aufmerksamkeit erfährt. Die Cloud verbessert die Zusammenarbeit und die Fähigkeit, sich an Veränderungen im Einklang mit der steigenden Nachfrage anzupassen (Jede & Teuteberg, 2016). Das Tool befähigt zur Zusammenarbeit und zur Entwicklung von Verträgen, was das Vertragsmanagement deutlich verbessert (Attaran, 2017). Dennoch gibt es in Nigeria Bereiche, die Anlass zur Sorge geben, wie z. B. unzureichende Elektrizität, zuverlässige Konnektivität, mangelnde Sicherheit, Datenschutz und fehlende Standards sowie Mehrfachbesteuerung (Dahunsi & Owoseni, 2015; Awosan, 2014; Odufuwa, 2012).

Die Bedeutung von Cloud-Computing-Diensten ist in der Literatur gut belegt (Ge & Huang, 2011; Hsu & Lin, 2014; Cheng et al., 2014; Lin & Liu, 2014; Fu & Cheng, 2015; Schnederjans, 2016; Attaran, 2017). Viele der verfügbaren Artikel zu diesem Thema stammen jedoch aus der Perspektive von Fachleuten und nur sehr wenige aus der akademischen Forschung, wobei sich keiner auf die Mineralölvertriebsunternehmen des Einzelhandels bezieht. Dementsprechend stellt diese Studie die Frage nach der Anwendung dieses neuen Prototyps auf die Lieferkettenleistung von Mineralölvertriebsunternehmen. Die Untersuchung von Mineralölvermarktungsunternehmen wird einen Hinweis auf die künftige Einführung in diesem Bereich geben, und es ist wichtig, die Einführung von Cloud Computing-Diensten in Mineralölvermarktungsunternehmen zu untersuchen, da ein Einstieg in die Cloud zahlreiche lohnende Einblicke in die Leistung der Lieferkette bietet. Außerdem stellte Attaran (2011) fest, dass eine Lieferkette ohne eine ausgeprägte Cloud-basierte Lösung in einer geeigneten oder ausgewiesenen Nische als ein Unternehmen eingestuft wird, dessen Geschäftssitz weit von den Standards für ein angemessenes oder akzeptables Verhalten entfernt ist. Daher ist die In dieser

Arbeit wurde die Akzeptanz von Cloud Computing-Diensten in Einzelhandelsunternehmen für Erdölprodukte untersucht, indem die Akzeptanz von Cloud Computing-Diensten und die Leistung der Lieferkette von Einzelhandelsunternehmen für Erdölprodukte im nigerianischen Bundesstaat Rivers untersucht wurde.

1.2 : Erklärung des Problems

Frühere wissenschaftliche Untersuchungen zum Cloud Computing (Cheng et al., 2014; Lin & Liu, 2014; Fu & Cheng, 2015) und neuere (z. B. Loukis et al., 2017; Attaran, 2017; Schnederjans, 2016; Hsu & Lin, 2014; Lal & Bharadwaj, 2016) berichten konzeptionell über den Einfluss der Annahme von Cloud-basierten Diensten oder halten die konzeptionelle Entwicklung aufrecht, so dass ihre Arbeiten fast unvollständig sind. Diese Studien sind neu für Nigeria und stellen eine geografische Lücke dar, da an dem Standort, an dem der Forscher seine Forschung durchführen möchte, nur wenige oder gar keine Untersuchungen durchgeführt wurden.

Außerdem beruhen die meisten vorhandenen Studien auf der Verwendung von Konzepten, Definitionen und qualitativen Analysen (Lin & Chen, 2012; Sultan, 2011, Marston etal., 2011; Iyer & Henderson, 2010), es fehlen empirische Studien. Dies ist eine methodische Lücke, da es einen Trend zur Verwendung qualitativer Ansätze auf Kosten quantitativer Methoden gibt, was dazu führen kann, dass bestimmte Daten, die nur durch die Verwendung quantitativer Methoden gewonnen werden könnten, nicht berücksichtigt wurden. Es kann behauptet werden, dass Planer und Entscheidungsträger in den bisher durchgeführten Arbeiten wenig Nutzen gesehen haben.

Diese Probleme führen zu einem Forschungsprojekt, bei dem es darum geht, Einzelhandelsunternehmen, die Mineralölprodukte vertreiben, mit der Informatik als Motor für optimale Effizienz zu verbinden. Daher wurde der Zusammenhang zwischen den Variablen Software as a Service (SaaS), Platform as a Service (PaaS) und Infrastructure as a Service (IaaS) und der Leistung der Lieferkette (Flexibilität der Logistikprozesse, Auftragsabwicklung und Informationsaustausch) untersucht. In der Studie wurde auch das Vertrauen zwischen den Organisationen berücksichtigt, um seine moderierende Rolle auf die Beziehung zwischen der Nutzung von Cloud Computing-Diensten und der Leistung der Lieferkette von Mineralölvertriebsunternehmen im nigerianischen Bundesstaat Rivers zu ermitteln.

1.3 : Zweck der Studie

Das allgemeine Ziel der Studie ist die Untersuchung des Einflusses der Einführung von EDV-Dienstleistungen auf die Leistung der Lieferkette von Einzelhandelsunternehmen im nigerianischen Bundesstaat Rivers, die Erdöl vertreiben.
Die spezifischen Ziele lauten wie folgt:
1. Untersuchung des Einflusses der Einführung von Software as a Service auf die Leistung der Lieferkette.
2. Untersuchung des Einflusses der Einführung von Platform as a Service auf die Leistung der

Lieferkette.
3. Untersuchung des Einflusses der Einführung von Infrastructure as a Service auf die Leistung der Lieferkette.
4. Untersuchung der moderierenden Rolle des interorganisatorischen Vertrauens auf die Beziehung zwischen der Einführung von Cloud Computing-Diensten und der Leistung der Lieferkette.

1.4 : Forschung Fragen

Aus der Perspektive der Studie wurden die folgenden Forschungsfragen formuliert:
1. Inwieweit beeinflusst Software as a Service die Leistung der Lieferkette?
2. Inwieweit beeinflusst die Plattform als Dienstleistung die Leistung der Lieferkette?
3. Inwieweit beeinflusst die Infrastruktur als Dienstleistung die Leistung der Lieferkette?
4. Inwieweit mäßigt interorganisationales Vertrauen die Beziehung zwischen der Einführung von Cloud Computing-Diensten und der Leistung der Lieferkette?

1.5 : Studienvariablen und konzeptioneller Rahmen

In Anbetracht unserer Forschungsprobleme, -ziele und -fragen wurden die folgenden Forschungsvariablen aus früheren empirischen Studien abgeleitet:

i. Cloud Computing Service Adoption (CCSA) als Prädiktorvariable mit den folgenden Dimensionen: Software as a Service (SaaS), Platform as a Service (PaaS) und Infrastructure as a Service (IaaS).
ii. Die Leistung der Lieferkette als Kriterium mit den folgenden Messgrößen: Flexibilität der Logistikprozesse (LPF), Auftragsabwicklung (OF) und Informationsaustausch (IS).
iii. Moderierende Variable mit ihrem kontextuellen Faktor als: Interorganisationales Vertrauen (IT).

iv.
Auf der Grundlage der vorstehenden Ausführungen wird in dieser Studie die These vertreten, dass die Einführung von Cloud Computing-Diensten (Software als Dienst, Plattform als Dienst und Infrastruktur als Dienst) unter der moderierenden Rolle des Vertrauens zwischen den Unternehmen die Leistung der Lieferkette (Flexibilität der Logistikprozesse, Auftragsabwicklung und Informationsaustausch) grundlegend beeinflusst. Als Leitfaden für diese Studie wurde der folgende konzeptionelle Rahmen entworfen:

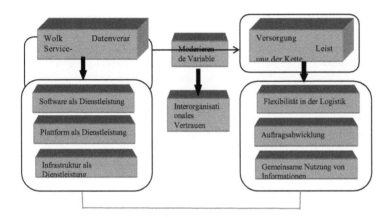

Abbildung 1: Konzeptueller Rahmen für die Beziehung zwischen der Einführung von Cloud Computing-Diensten und der Leistung der Lieferkette.

Quellen: Nach Chen, Chuang und Nakatani (2016), Misra und Sharan (2014), Mihi- Ramirez et al. (2012), Lee (2007) und Barratt und Oke. (2007).

1.6 Forschung Hypothesen

Im Folgenden werden die Hypothesen für die Studie aufgeführt, die die bedingten Beziehungen zwischen den Variablen angeben:

Ho Die Einführung von Software as a Service hat keinen signifikanten Einfluss auf die Flexibilität der Logistikprozesse.

H_{o2}: Die Einführung von Software as a Service hat keinen signifikanten Einfluss auf die Auftragsabwicklung.

H_{o3}: Die Einführung von Software-as-a-Service hat keinen signifikanten Einfluss auf den Informationsaustausch.

H_{o4}: Die Einführung von Platform as a Service hat keinen signifikanten Einfluss auf die Flexibilität der Logistikprozesse.

H_{o5}: Die Einführung von Platform as a Service hat keinen signifikanten Einfluss auf die Auftragsabwicklung

H_{o6}: Die Einführung von Plattformen als Dienstleistung hat keinen signifikanten Einfluss auf den

Informationsaustausch.

Ho7: Die Einführung von Infrastructure as a Service hat keinen signifikanten Einfluss auf die Flexibilität der Logistikprozesse.

Ho8: Die Einführung von Infrastructure as a Service hat keinen signifikanten Einfluss auf die Auftragsabwicklung. **Ho9**: Die Einführung von Infrastruktur als Service hat keinen signifikanten Einfluss auf den Informationsaustausch. **Ho10**: Interorganisationales Vertrauen hat keinen signifikanten Einfluss auf die Beziehung zwischen der Einführung von Cloud Computing-Diensten und der Leistung der Lieferkette.

1. 7 Bedeutung der Studie

Diese Arbeit ist aus folgenden Gründen von Bedeutung:

1. Die Forschungsergebnisse werden dem Management von Mineralölvertriebsunternehmen dabei helfen, Strategien zu formulieren, um die Leistung zu verbessern und bessere Dienstleistungen zu erbringen, die den Ansprüchen der Verbraucher gerecht werden.

2. Die Forschung wird auch dazu beitragen, die praktischen Vertriebs- und Marketingprobleme im Zusammenhang mit dem Erdölhandel in Nigeria zu lösen, da Manager von Erdölvertriebsunternehmen geeignete Cloud-Computing-Dienstleistungsmodelle nutzen werden, um eine bessere Leistung der Lieferkette zu gewährleisten.

3. Die Untersuchung wird potenziellen und bestehenden Investoren im Mineralölvertrieb helfen, die Leistung der Lieferkette zu ermitteln, und sie wird es Managern, Händlern und anderen Vertriebskanalmitgliedern ermöglichen, den Nutzen der Einführung von Cloud Computing-Diensten zu ermitteln, die die Leistung der Lieferkette beeinflussen.

4. Darüber hinaus wird sie die soziale und wirtschaftliche Bedeutung von Mineralölvertriebsunternehmen in der nigerianischen Wirtschaft aufzeigen, was wiederum den politischen Entscheidungsträgern helfen wird, einige der bestehenden Maßnahmen, die die Leistung hemmen, zu überdenken.

5. Die Annahme von Cloud Computing-Diensten und die Leistung der Lieferkette wurden aus den Theorien der Informationstechnologie bzw. des Lieferkettenmanagements abgeleitet; daher könnte diese Untersuchung weitere Erkenntnisse zu diesen Bereichen beitragen.

6. Die These hält das Wissen über das betreffende Thema aufrecht und war in der Lage, ein tieferes Verständnis der Dimensionen des Cloud Computing Service Adoption als: Software as a Service, Plattform als Service und Infrastruktur als Service, die Auswirkungen, wenn sie von Managern Einzelhandel Erdöl-Marketing-Firmen, um ihre Geschäftsprozesse zu kontrollieren und verbessert die Leistung der Lieferkette eingesetzt wird.

1.8 Umfang der Studie

Dies wird im Folgenden anhand von drei Hauptaspekten untersucht:

Inhaltlicher Umfang: Diese Studie befasst sich mit der Einführung von Cloud-Computing-Diensten und der Leistung der Lieferkette von Einzelhandelsunternehmen im Bundesstaat Rivers und ist im Bereich des digitalen Lieferkettenmanagements angesiedelt.

Geografischer Geltungsbereich: Diese Studie deckt alle nigerianischen Einzelhandelsunternehmen für Erdöl ab und zieht Schlussfolgerungen über die Lieferkettenaktivitäten von Einzelhandelsunternehmen für Erdöl in Nigeria, wobei eine kleine

Stichprobe aus der Großstadt Port-Harcourt im Bundesstaat Rivers gezogen wird, in der große Einzelhandelsunternehmen für Erdöl tätig sind.

Analyseebene/Studieneinheit: Die Analyseebene ist eine Makroebene, und die Analyseeinheit wird auf der Organisationsebene durchgeführt, wobei die wichtigsten Befragten in jedem der 55 beteiligten Einzelhandelsunternehmen für Erdölprodukte erfasst werden.

1.9 Operative Definition von Begriffen

Die unten aufgeführten Definitionen sind nützlich:
Wolke: Mit Cloud werden Gruppen von internetbasierten Fähigkeiten zur Durchführung eines bestimmten Arbeitsumfangs bezeichnet.
Einführung von Cloud Computing-Diensten: Die Nutzung von Cloud Computing-Diensten durch ein Unternehmen zur Unterstützung des Betriebs. .
Infrastruktur als Dienstleistung: Infrastructure as a Service ist ein Dienst, bei dem Netze und Verarbeitungsprozesse in der Cloud bereitgestellt werden und der von einem Anbieter betrieben und verwaltet wird.
Inter-organisatorisches Vertrauen: Der Bereich, in dem die Mitglieder einer bestimmten Organisation eine kollektive Vertrauensorientierung in Richtung einer anderen Organisation zulassen
Flexibilität der Logistikprozesse: Hier geht es um die Anpassungsfähigkeit des Unternehmens bei der Handhabung der Details eines Vorgangs.
Auftragsabwicklung: Die Auftragsabwicklung ist der Akt oder Prozess der Lieferung eines Produkts an einen Kunden. **Platform as a Service (Plattform als Service**) ist eine Klasse von Cloud-Computing-Diensten, die Plattformen (Mobiltelefone, Tablets, Laptops und Workstations) zur Nutzung durch Kunden bereitstellen.
Software als Dienstleistung: Software as a Service ist eine Dienstleistung, bei der den Kunden von einem Anbieter Geschäftslösungen angeboten werden.
Leistung der Lieferkette: Dies ist eine Einschätzung der Fähigkeit eines Unternehmens, die Anforderungen der Kunden rechtzeitig zu erfüllen.

KAPITEL 2
ÜBERPRÜFUNG DER EINSCHLÄGIGEN LITERATUR

In diesem Kapitel wurde die einschlägige Literatur zu dem betreffenden Thema gesichtet, und es umfasste die theoretischen Grundlagen, eine Übersicht über die wichtigsten Konzepte der Studie, frühere empirische Studien zu den Variablen und eine Zusammenfassung.

2.1 : Theoretische Grundlage

Die Studie beleuchtet einige wichtige Modelle und Theorien, die im Folgenden aufgrund ihrer Relevanz für die Einführung von Cloud Computing-Diensten und die Leistung der Lieferkette erläutert werden. Die theoretische Untermauerung dieser Studie stützt sich auf das Technological Organization Environment (TOE) Modell, das Technological Acceptance Model (TAM), die Diffusion of Innovation Theory (DIT) und die Social capital Theory (SCT).

2.1.1 : Technologie-Organisation-Umwelt-Modell (TOE)

Dieses Modell geht davon aus, dass Innovation eine Funktion von drei Aspekten ist: Organisation, Umwelt und Technologie, die auf dem Markt verfügbar ist und von der Organisation genutzt wird oder nicht (Tarnatzky und Fleibher (1990) in Baker 2012). Der EVG ist eine Architektur zur Untersuchung und Erfassung von Produkten und IKT-Dienstleistungen auf Organisationsebene. Zhu, Kraemer, Xu und Dedric (2004) behaupten, dass es sich bei diesem Modell um einen weitreichenden theoretischen Rahmen handelt, der einen umfassenden Hintergrund für Eindruck und Agilität bietet und Auswirkungen auf Unternehmensentscheidungen gewährleistet. Die Einführung der Informationstechnologie erfordert, dass die Unternehmen eine Architektur zur Unterstützung der Entscheidungsfindung aufbauen. Die Schwäche des Modellrahmens liegt darin, dass seine wichtigsten Konstruktionen nicht sehr offensichtlich und präzise sind. Wenn man dieses Modell auf die vorliegende Studie bezieht, stellt man fest, dass die Forschung dieser Art die Informatik als ein theoretisch informiertes Konsortium von etablierten, geräteübergreifenden und projizierenden Faktoren betrachtet, die sich auf Software as a Service (SaaS), Platform as a Service (PaaS) und Infrastructure as a Service (IaaS) auswirken, und wie sie zu einer effizienten Lieferkettenleistung in Einzelhandelsunternehmen für Erdölprodukte führen können.

2.1.2. Modell der technologischen Akzeptanz (TAM)

Dieses Modell berücksichtigt die Verhaltensabsichten bei der Technologieanwendung und schlägt deren Nützlichkeit als einen wichtigen Faktor für die Akzeptanz der Technologie vor. Dieses Modell wurde ursprünglich in der IT-Literatur ausgiebig verwendet und unterstreicht die Bedeutung von Vertrauen zur Verringerung von Unsicherheit. Das TAM-Modell wurde umfassend untersucht und auf verschiedene Aspekte ausgeweitet, so dass es von Lieferkettenmanagern in Bezug auf Aktivitäten in Einzelhandelsunternehmen der

Erdölbranche eingesetzt wird.

2.1.3 Theorie der Innovationsverbreitung (DIT)

Es handelt sich um eine weit verbreitete Theorie in der Literatur zur Technologieakzeptanz, mit der erklärt werden soll, wie sich neue Technologien ausbreiten und im Betrieb funktionieren. Außerdem war DIT nicht in der Lage, die Innovation mit einer angemessenen Einstellung zu verknüpfen (Abbasi, Tarhini, Hassouna & Shah, 2015). Im Bereich der Informationssysteme gibt es jedoch eine Reihe neuerer Studien zur Diffusion von Innovationen (Low et al., 2011).

Der Nutzen von DIT für diese Studie hängt davon ab, wie die Mineralölvertriebsunternehmen den relativen Vorteil von DIT wahrnehmen und ob sie Innovationen anerkennen, indem sie günstige Cloud-Computing-Dienste erwerben. Sie können im heutigen Geschäftsumfeld nur gewinnen.

2.1.4: Theorie des sozialen Kapitals (SCT)

Diese Theorie verkündet die Vorteile, die Assoziationen zwischen Einzelpersonen oder Organisationen mit sich bringen. Sie wird als ein Vorteil erklärt, der sich auf die Art und Weise gründet, wie man durch Kooperationen zu seinem Recht kommt. Er besteht aus kognitiven, strukturellen und relationalen Dimensionen, die sich auf die tatsächlich bestehende Beziehung stützen, die auf einer Reihe von Interaktionen beruht, die einen gegenseitigen Austausch bewirken. Daher sollten Einzelhandelsunternehmen, die Mineralölprodukte vermarkten, eine solide Zusammenarbeit in ihrer Lieferkette aufbauen und die möglichen Vorteile nutzen, die sich aus der Zusammenarbeit ergeben, um den Kundenanforderungen gerecht zu werden und Wettbewerbsvorteile zu erzielen.

In dieser Studie wurden TOE, DOI, TAM und SCT verwendet, weil es sich um Modelle und Theorien handelt, die in der Wirtschaft angewandt werden, und weil versucht wird, zu verstehen, wie sich diese Modelle und Theorien bei der Anwendung von Innovationen verhalten, wenn sie bei verschiedenen Gelegenheiten getestet werden und ihre Verwendung in mehreren Studien wie dieser als sinnvoll dargestellt wird.

2.2 Bedeutung und Entwicklung der Cloud Computing

Dieses Konzept beruht auf dem Gedanken, dass Unternehmen und Kunden bei Bedarf weltweit Rechenleistung abrufen können (Battleson, 2016). Zu den Informationssystemen, die derzeit in der Cloud existieren, gehören: E-Mail, ERP, Personalsystem, Informationssicherheitssystem, Videokonferenzen, CRM, e-Business, Projektmanagement. Cloud wird verwendet, um Plattformen zu beschreiben, die Computing ermöglichen und verbreiten, was einem Benutzer hilft, eine bestimmte Menge an Arbeit zu implementieren. Cloud Computing wird als eine Ansammlung von körperlichen Geräten verstanden, auf die mit Hilfe eines mobilen Geräts mit Internetverbindung weltweit zugegriffen werden kann (Cao et al. (2017)).

Imran (2013) definierte Cloud Computing im Sinne von Technologien, die von einer dritten Partei angeboten werden, die eine breite Palette von Anforderungen erfüllt. Cao et al. (2017) vertraten dieselbe Auffassung und bezogen sich auf die Übertragung von Datenverarbeitung und -speicherung über ein Netzwerk an eine externe Computerinfrastruktur, die von einem Anbieter verwaltet und aufrechterhalten wird, und unterstützten damit die Auffassung von Goscinski und Brook (2010), dass die Cloud im Internet die zugänglichen Ressourcen tarnt und ein Verbindungskriterium bereitstellt, durch das die Nutzer in die Lage versetzt werden, das Internet als leistungsstarken Personal Computer zu nutzen.

Die obigen Definitionen und Erläuterungen verdeutlichen, was Cloud Computing ist. Die Autoren sind sich einig, dass Cloud Computing eine Lösung ist, die als Dienstleistung angeboten wird. In diesen Definitionen und Erklärungen wird das Gerät als eine Verschmelzung von Hardware und Systemsoftware dargestellt, die die Dienste anbietet. Einige wichtige Aspekte des Cloud Computing scheinen diese Autoren jedoch zu ignorieren: Infrastruktur, Hardware oder Plattform. Cloud-Computing-Dienste als ein umfangreicher Kunstgriff, bietet eine beträchtliche Sicherheit, dass die Erweiterung als ein Rahmen sichtbar wird, der darauf abzielt, stabile und schnelle Dienste und ein Mittel zur Unterstützung zu bieten, das als Dienst dargestellt und über das Internet geliefert wird (Rezai, 2014). Cloud Computing ist eine dienstleistungs- und anwendungsbasierte Technologie, bei der Ressourcen eingesetzt werden, die über das Internet leicht zugänglich sind (Malik et al., 2016). Cloud Computing wird von Unternehmen als die erste der 10 wichtigsten Technologien mit überragender weltweiter Perspektive in aufeinanderfolgenden Jahren bezeichnet. (Rattern, 2016). Die Einführung dieses Geräts kommt immer mehr in Mode und umfasst auch bekannte Unternehmen (Ambrust et al., 2010).

Cloud Computing kann auf eine lange und spannende Geschichte zurückblicken. In jüngster Zeit hat sich diese Entwicklung vom Unternehmens- zum Cloud-Computing verlagert, was den Bedürfnissen der Unternehmen entspricht. Rimel et al. (2011) stellen fest, dass das Cloud Computing in letzter Zeit enorme Fortschritte erzielt hat und voraussichtlich weiter wachsen wird. Die Entwicklung der Datenverarbeitung wurde von Foster et al. (2008) in sechs Epochen unterteilt. Diese sechs Epochen des Computing wurden von Rimel et al. (2011) verglichen, die behaupten, dass das Cloud Computing zwar den Eindruck erweckt, in eine neue Ära zurückzukehren, sich jedoch deutlich von dieser unterscheidet: Erstens hat es die Macht oder die Fähigkeit, nahezu uneingeschränkte Rechenleistung zu liefern (Chen et al., 2016; Wu, 2011).

So wird Cloud Computing als eine Ansammlung von körperlich existierenden Diensten verstanden, die mit Hilfe eines mobilen Geräts mit Internetverbindung von überall her zugänglich sind (Misra & Mondal, 2010; Sultan, 2010). Die von Guru 99 (2019) konzipierten Cloud-Computing-Angebote sind in Abbildung 2.1 dargestellt.

Abbildung 2.2: Cloud Computing
Quelle: Übernommen aus Guru 99 (2019). Cloud Computing Tutorial für Einsteiger

2.3 Dimensionen der Einführung von Cloud Computing-Diensten

Ein Großteil der Forschungsliteratur unterscheidet zwischen Software as a Service (SaaS), Platform as a Service (PaaS) und Infrastructure as a Service (IaaS) (Chen et al., 2016; Wu, 2011; Mell & Grance, 2011) als den drei wichtigsten Cloud-Computing-Dienstmodellen. Die drei wichtigsten Cloud-Computing-Servicemodelle sind in Abbildung 2.2 dargestellt.

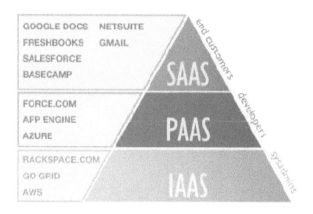

Abbildung 2.2: Cloud Computing-Dienstmodelle
Quelle: Hutt, M. (2019) IaaS vs PaaS: The Difference. ezTalks Video Meeting

In dieser Studie werden in Übereinstimmung mit Chen et al. (2016), Wu (2011) und Mell & Grance (2011) die Dimensionen Software as a Service, Platform as a Service und Infrastructure as a Service als Dimensionen für die Annahme von Cloud Computing-Diensten angenommen.

2.3.1 : Software als Dienstleistung

Das Modell "Software as a Service" (SaaS) lässt sich bis ins Jahr 1990 zurückverfolgen und hat sich allmählich zu einer vorherrschenden Strömung oder Richtung der Aktivität oder des Einflusses im IT-Bereich von Interesse oder Wettbewerb entwickelt. Es handelt sich dabei um ein Produkt, das als Service bereitgestellt wird, zentral gehostet und von einem Anbieter angeboten wird, der für Kunden, die für den Service bezahlen, zugänglich ist. Die Bereitstellung des Produkts wird durch eine mit dem Internet verbundene Quelle erleichtert. Kung, Cegielski und Kung (2015), die den Zugang über das Internet deutlich erleichtern, Li und Yan (2017) und Sultan (2011) bezeichnen Software als eine für den Kunden entwickelte Dienstleistung. Sie behaupten weiter, dass Software die Anwendung symbolisiert, die dem Kunden als Dienstleistung zur Verfügung gestellt wird, und dass bei Softwaremodellen der Benutzer den darunter liegenden Cloud-Rahmen nicht verwaltet oder reguliert. In diesen Definitionen wird Software als eine Technologie betrachtet, die dem Kunden einen umfassenden Zugang ermöglicht. Mell und Grance (2011) stellen fest, dass Software die bestehende Methode zur Bereitstellung von Lösungen für Nutzer ist. Dies ist der Grund, warum Software als On-Demand-Software bezeichnet wird. Die Kunden zahlen für die Nutzung der Softwareanwendungen, wodurch die Kosten für die Beschaffung und Wartung der Software gesenkt werden (Johansson & Ruivo, 2013). Software as a Service (SaaS) ist ein Vertriebsmodell für Dienstleistungen, die von Dienstleistern, die auch als Cloud-Anbieter bezeichnet werden, über das Internet angeboten werden und für die Kunden zugänglich und ausführbar sind.

2.3.2 : Plattform als Dienstleistung (PaaS)

Eine Plattform als Dienstleistung kann nach Tsai et al. (2010) als eine Reihe von Subsystemen begriffen werden, die einen Strom von verwandten Produkten hervorbringen. Rodero-Merino et al. (2011) stellten fest, dass es sich bei der Plattform um die Umwandlung von Verfahren handelt, die in Plattformen und zugehörige Komponenten oder Anwendungen umgewandelt werden, die in überzeugenden Ökosystemen von Drittentwicklern entwickelt werden. Tiwana et al. (2010) stellen fest, dass Plattformen eine Containerplattform und eine Ausführungsumgebung bieten, auf der Drittentwickler ihre Anwendungen bereitstellen und ausführen. Dieses bestehende Wachstumsmuster ermöglicht es Entwicklern, in die Vorteile der gemeinsamen Wertschöpfung einzusteigen und externe Kompetenz und Innovationskraft in einem bisher nicht gekannten Ausmaß zu nutzen (Rodero-Merino et al. (2011)).

Marston et al. (2011) bezeichnen die Plattform als eine Art Service, der eine verlockende Basis bietet und Anwendungen überwacht, ohne dass es Komplikationen bei der Einrichtung und Wartung des Geräts gibt. Butler (2013) schlägt eine Ausführungsumgebung vor, die auf Software verankert ist und in der eine Container-Plattform angeboten wird, die es den Kunden ermöglicht, ihre Komponenten zu erweitern und zu verwalten. Chang, Abu-Amara und Sanford (2010) beschreiben den Cloud-Plattformdienst als eine Abstraktionsschicht von der darunter liegenden Infrastrukturebene, die Netzwerk, Server, Betriebssystem oder Speicher umfasst. Khalid (2010) und Lacity und Reynolds (2014) zeigen dazu Entwicklungstests und laufende Wartung auf, während Rimal, etal (2010) eine vollständige Softwareentwicklung vorschreiben. Yang und Tate (2012) verweisen auf die Kompetenz des Anbieters gegenüber dem Nutzer und erweitern die erreichte angewandte, nachhaltige Sprache. In dieser Studie wird die Plattform als ein Bündel von Diensten definiert, die die Anwendungsinfrastruktur, das Betriebssystem, die Middleware und die Konfiguration Punkt für Punkt umreißen und Entwicklerteams mit der Fähigkeit ausstatten, Anwendungen zu liefern, zu erstellen, zu testen und zu positionieren.

Es wird eine Plattform zur Verfügung gestellt, auf der die Kunden die Software für die Entwicklung ihrer Anwendungen erhalten. (Tsai et al., 2010). Hurwitz et al. (2012) bemerken, dass Plattformen die Form von hochgehaltener Software in Plattformen und zugehörige Bestandteile oder Anwendungen verändern. Hurwittz etal. (2012) stellen fest, dass es sich bei Plattformen um ein Cloud-Computing-Modell handelt, das den Kunden gehostete Entwicklungskits, Datenbanktools und Anwendungsmanagementkompetenzen zur Verfügung stellt. Die Drittanbieter stellen den Kunden virtuelle Ressourcen für die Entwicklung, den Einsatz und die Einführung von Softwareanwendungen zur Verfügung und minimieren so den

Bedarf an Backend-Softwareentwicklung. Dies bedeutet, dass der Cloud-Plattformdienst Softwarebestandteile und Schnittstellen bereitstellt und der Dienstleister für die Aufrechterhaltung der Arbeitsumgebung und der Betriebssysteme verantwortlich ist, während der Entwickler die Anwendungsdaten verwaltet. Li und Yan (2017) stellen fest, dass Unternehmen Cloud-Plattformdienste für Outsourcing, Hosting, Konstruktion, Sicherheit und Speicherung nutzen.

Derzeit ist der Plattformmarkt noch neu. Da er sich jedoch voll entwickelt, sehen Unternehmen in Plattformen einen Weg, die allgemeine Cloud-Einführung in Unternehmen zu erweitern und den Entwicklungsprozess zu harmonisieren. Heute ist der Markt in Fragmente aufgeteilt. Marktforschungsunternehmen gehen jedoch davon aus, dass sich die Verteilung der Marktanteile in Zukunft auf spannende Weise ändern wird (Yang & Tate, 2012).

2.3.3 Infrastruktur als Dienstleistung

Infrastructure as a service \ stellt Lösungen bereit und dient als Modell, in dem Anbieter tätig sind und die Kunden erreichen. Diese Dienste sind stark regelbasiert und ermöglichen es den Nutzern von Cloud-Infrastrukturdiensten, ein hervorragendes Nutzungsniveau für wichtige Arbeitstätigkeiten zu erreichen.

Yang und Tate (2012) sind der Ansicht, dass sich der Infrastrukturmarkt derzeit in einem Zustand großer sozialer oder politischer Veränderungen befindet, da viele Anbieter von Dienstleistungen ihre Strategien ändern, nachdem es ihnen nicht gelungen ist, einen angemessenen Marktzugang zu erreichen. Die Marktanteile haben sich immer weiter verschärft, obwohl der Markt sich prächtig entwickelt hat. Der Markt wird nur von wenigen kontrolliert.

Infrastructure as a Service ist eine aufsteigende Angebotsreserve mit vollem Speicherplatzangebot und Nettoarbeitskompetenz, die durch die Erbringung von Dienstleistungen zur Verfügung gestellt wird (Mell & Grance, 2011). Infrastructure as a Service ist ein Selbstbedienungsmodell für den Zugang, die Regulierung und die Verwaltung einer entfernten Rechenzentrumsinfrastruktur, und die Nutzer müssen nun einen Cloud-Infrastrukturdienst beziehen, anstatt Hardware zu kaufen (Imran, 2013). Laut Mell und Grance (2011) konsolidiert sich der Infrastrukturdienst schnell um eine kleine Gruppe von Marktführern. Im Vergleich zu Software as a Service (SaaS) und Platform as a Service (PaaS) sind die Nutzer der Infrastruktur für die Verwaltung der Anwendungen verantwortlich.

2.4 Lieferkette Leistung

Die Leistung der Lieferkette bezeichnet den Grad der Zusammenarbeit eines Unternehmens mit seinen Mitgliedern, der für die Einleitung, Durchführung oder den Abschluss strategischer Lieferpläne erforderlich ist (Gupta et al., 2013). Es handelt sich um eine Reihe von kontinuierlichen Aktionen und Prozessänderungen zur Verbesserung und Harmonisierung von Produktion und Transport (Flynn et al. 2010). Das Lieferkettenmanagement zielt auf die Integration von Prozessen ab, die über die Schwelle von Partnern hinausgehen (Huan et al.,

2004). Ein vorherrschendes Gefühl ist, wie übergeordnete Informationen erleichtert und harmonisiert werden könnten, damit alle Mitglieder nützliche Informationen erhalten (Lim et al., 2011). Es geht um die Anforderungen, die die Schwelle der Erfüllung der Kundenanforderungen durch die Bereitstellung von Produkten oder Dienstleistungen überschreiten (Soon et al. 2012). Es braucht Verbesserungen und einen kontinuierlichen Mechanismus, der Bewerter hervorbringt (Sentanu, 2012).

2.5 Messungen der Leistung der Lieferkette

Cettani et al. (2010) stellten fest, dass Hochleistungslogistik eine Vormachtstellung in der Disziplin der Messung benötigt. Nichtsdestotrotz gibt es ein Messproblem (Koufterous et al., 2010), das zwingend notwendig ist, um die Notwendigkeit und die Bewertung des Angebots für diese Aufgabe zu erreichen (Thun, 2010).

Es ist offensichtlich, dass unterschiedliche Organisationen, die im Einklang funktionieren, für bessere Ergebnisse sorgen (Lu & Ramamurthy, 2011), und alle Facetten können als genaue, umfassende und wertvolle Merkmale von Leistungsmessungssystemen angesehen werden (Thun, 2010). Die Bewertung der Leistungsmessung erfordert große körperliche oder geistige Anstrengungen (Natour et al., 2011). Mehrere Metriken, die bei der Leistungsmessung in der Lieferkette verwendet werden, dienen dazu, den gesamten Prozess zu bewerten und zu untersuchen11 (Sukati et al., 2012). Die Lieferpräzision misst die Anzahl der rechtzeitig gelieferten Aufträge unter Berücksichtigung des tatsächlichen Datums, während der Lagerumschlag die Anzahl der Umschläge pro Jahr bewertet. Kundenzufriedenheit und Informationsaustausch sind ebenfalls brauchbare Messgrößen für die Leistung der Lieferkette. Sentanu (2012) weist darauf hin, dass Kunden als Vermögenswerte verwaltet werden sollten. Huan etal. (2004) haben auch andere Messgrößen für die Leistung ermittelt, z. B. den Logistikprozess und die Auftragsabwicklung.

In den letzten zehn Jahren haben mehrere Organisationen geeignete Messgrößen für die Messung eingeführt. Diese Metriken wurden unter Berücksichtigung der wichtigsten Disziplinen ermittelt. Huan etal. (2004) empfehlen, dass die ideale Messung für die gesamte Lieferkette das ideale Messsystem sein sollte, das weitreichend ist. In dieser Studie werden in Übereinstimmung mit Micra und Sharan (2014), Caridi et al. (2014) und Huan et al. (2014) die Flexibilität der Logistikprozesse, die Auftragsabwicklung und der Informationsaustausch berücksichtigt.

2.5.1 Logistikprozess Flexibilität

Eine wichtige Dimension der Leistung der Lieferkette ist die Flexibilität (Malhotra & Mackerpeng, 2012). In den letzten zwei Jahrzehnten wurde eine enorme Anzahl von Studien zur Definition der verschiedenen Arten von Flexibilität in der Produktion durchgeführt, aber es gibt keine universelle Übereinstimmung darüber, wie die Flexibilität von Logistikprozessen definiert werden sollte (Lee etal., 2010). Malhotra und Mackerpeng (2012) identifizierten Flexibilität zum Teil als eine Bewertung des potenziellen Verhaltens. Dies bedeutet, dass die Existenz von Flexibilität nicht von ihrer Offenbarung abhängt. Malhotra und Mackerpeng (2012) definierten die Flexibilität von Logistikprozessen als jene Flexibilität, die einen direkten Einfluss auf die Kunden eines Unternehmens hat. Dies impliziert, dass eine Logistikprozessflexibilität, die einen Mehrwert schafft, intern oder extern dient. Gupta et al. (2013) betrachteten die Flexibilität von Logistikprozessen als folgerichtig, wesentlich und effektiv.

Diese Studie definiert in Übereinstimmung mit More und Buba (2011) die Flexibilität von Logistikprozessen als die Fähigkeit einer Organisation, sich geschickt und eindrucksvoll an vorhersehbare und unvorhergesehene Veränderungen anzupassen. Die Flexibilität von Logistikprozessen wird unter Berücksichtigung von Arbeitsnetzwerken, Software und Menschen definiert. Informationstechnische Anwendungen verbrauchen Ressourcen und Prozesse können nicht vollständig sein, wenn sie nicht funktionieren, da ein wichtiger Faktor die Einführung von Cloud Computing ist. Dies grenzt an einen Quellbetrieb, der es den Unternehmen ermöglicht, auf Bedrohungen durch Konkurrenten zu reagieren und die Anforderungen der Kunden in Bezug auf Zeit und Ort zu erfüllen (Mihi-Ramirez etal., 2012). Die Bedeutung der Flexibilität von Logistikprozessen bei der Erfüllung von Kundenanforderungen ist umfangreich und für die Praxis von großer Bedeutung, dennoch gibt es nur wenige Studien, die benötigt werden (More & Buba, 2011; Malhotra & Mackerpeng, 2012; Gupta etal., 2013). Daher wird die Notwendigkeit, die Flexibilität von Logistikprozessen in einer breiteren Perspektive zu untersuchen, derzeit geschätzt (Lee et al., Mihi-Ramirez etal., 2012).

2.5.2 Bestellung Erfüllung

Die Auftragsabwicklung reicht nach Kalinanen (2013) von der Auftragserteilung bis zur Produktlieferung. Die Auftragsabwicklung spielt in der modernen Logistik eine wichtige Rolle (Ben-Daya & Raoul, 1994). Misra und Sharan (2014) stellten fest, dass die Regulierung der Auftragserfüllung als ein Hauptbestandteil der Leistung des Lieferkettenmanagements angesehen werden kann.

Thun (2010) stellte fest, dass die Auftragsabwicklung als Entscheidungsvariable, die sich in einem bestimmten Schwellenwert unterscheiden kann, immer wieder unter die Lupe genommen wurde. Sentanu (2012) stellt fest, dass die Unsicherheit der Nachfrage die Auftragsabwicklung beschleunigt und die Unternehmen in die Gefahr bringt, dass ihnen das Material ausgeht, bevor die Aufträge eintreffen. Die Auftragserfüllung, so wurde behauptet, beinhaltet Einflüsse von Aktivitäten durch Beteiligte wie das betroffene Unternehmen.

2.5.3 Informationen Teilen

Damit ist die Bündelung von Kommunikations- oder Informationsströmen gemeint, die sich in der Lieferkette kreuzen oder diese durchlaufen. Er verbessert die wünschenswerte oder zufriedenstellende Ausführung von Aktionen. Die gemeinsame Nutzung von Informationen erhöht die Überlebenschancen im Betrieb und bringt eine effektive Lieferkette voran (Xu, 2012; Yan, 2014). Die Bedeutung des Austauschs von aggregierter Kommunikation oder Intelligenz in der Lieferkette für Unternehmen ist umfassend untersucht worden (Liu, Shah & Setiroeder, 2012; DeGroote & Mars, 2015; Wang, Hu & Hu, 2013).

Informationen, die in der Lieferkette ausgetauscht werden, müssen vertrauenserweckend sein, zum richtigen Zeitpunkt übermittelt werden, eine klare Bedeutung haben und genau der Wahrheit oder einem Standard entsprechen (Chan & Chan, 2010). Dies ist in der Wirtschaft allgemein anerkannt (Sambamurthy, 2013). Die Funktion herzlicher Interaktionen in der Handelsmitgliedschaft besteht darin, einen erweiterten Informationsaustausch zu ermöglichen (Huo, 2010).

Die Fähigkeit, einen Wettbewerbsvorteil (Xu, 2012) inmitten eines nachhaltigen gegenseitigen Verständnisses zu generieren, ist in der Lieferkette inhärent, die das Wesentliche des Wettbewerbsvorteils in ihrem Geschäft schätzt (Sivestro & Lustrato, 2014). Gegenseitiges Verständnis in einer Beziehung ist in einer Situation, in der die Mitglieder unvereinbare Faszinationen besitzen, nicht möglich (Yan, 2014).

2.6 : Empirische Überprüfung

In dieser Studie wurde ein wissenschaftlicher Überblick über das betreffende Thema erstellt, der im Folgenden unter besonderer Berücksichtigung von Themen, Standorten, Methodik und Ergebnissen vorgestellt wird.

2.6.1 Software-as-a-Service und Lieferkette Leistung

Palo-Sanchez, Arenas-Marquez und Camacho (2017) untersuchten wissenschaftlich die Einführung von Softwaremodellen in Unternehmen, indem sie die Geschäftstätigkeit des Unternehmens untersuchten. Die Studie erhielt Informationen von 150 Unternehmen in Andalusien, Spanien. Die Studie entdeckte auch den organisatorischen Bedarf dieser Unternehmen, die die Implementierung eines authentischen Modells erwarten, das mit Cloud Computing verknüpft und für den Betrieb des Unternehmens nützlich ist.

Safari (2017) untersuchte die Akzeptanz von Software, indem er einen Fragebogen an 22 Universitätsexperten und 30 IT-Fachleute in Unternehmen für Informationssysteme und Informationstechnologie verteilte. Es wurde der Fuzzy Analytical Hierachy Process (LinProRa) verwendet. Die Studie ergab, dass alle Attribute der Technologie für die Softwareeinführung entscheidend sind.

Kung, Cegielski und Kung (2015) untersuchten, wie das Umfeld eines Unternehmens die Absicht zur Einführung von Software unterstützt. Die Stichprobe bestand aus dreihundertsiebenundfünfzig Befragten, die aus Einzelhandels- und Produktionsunternehmen in den USA ausgewählt wurden. Der verabreichte Fragebogen ergab eine Rücklaufquote von 25 %. Die Studie ergab signifikante direkte und interaktive Effekte, die die Absicht zur Einführung von SaaS in Unternehmen beeinflussen. Am signifikantesten zeigte die Studie einen Zusammenhang zwischen mimetischem Druck und wahrgenommener Technologiekomplexität.

Luoma (2013) untersuchte die Wettbewerbskräfte auf die Geschäftsmodelle von SaaS anhand von 500 Befragten und stellte fest, dass sowohl Softwareproduktfirmen, die eifrig Methoden verwenden, die kosteneffizient freundlich sind, als auch die sich konzentrierenden

Computertechnologien und ihre Anforderungen polarisieren, um zu SaaS-Firmen aufzurüsten. Die Studie ergab, dass beide Arten der SaaS-Firmen sind die Annahme ähnlicher Software-Architekturen über mehrere Endbenutzer und die Änderung ihrer Praktiken und Rahmen zu befürworten sofortige Änderungen Umsatz SaaS Unternehmen verlassen sich auf Unternehmen Wahl zu gehen zusammen mit der Kosteneffizienz der Kunden-Intimität Ansatz abhängig ist.

Benlian und Hess (2010) untersuchten und unterschieden zwischen SaaS-Anwendern und Nicht-Anwendern. Auf der Grundlage der Theorie des wahrgenommenen Risikos wurde in der Studie ein Forschungsmodell entwickelt, das mit Umfragedaten von 379 Unternehmen in Deutschland analysiert wurde. Zu diesen Unternehmen gehören das verarbeitende Gewerbe, der Groß- und Einzelhandel, das Finanzwesen, die TIME-Industrie, das Bau- und Immobilienwesen, die Logistik, das öffentliche und das Gesundheitswesen sowie die Strom- (Gas-) und Wasserversorgung. Für die Studie wurden ein Fragebogen und eine Umfrage verwendet. Die Analyse der Daten erfolgte mittels PLS-basierter Wassergleichungsmodellierung auf der Grundlage von SmartPLS. Die Ergebnisse zeigten, dass SaaS-Benutzer möglicherweise geschickter mit SaaS-basierten Angeboten umgehen.

Benlian, Koufaris und Hess (20!0) untersuchten empirisch die Softwarequalität und die konsistente Softwarenutzung. Unter Verwendung der Schlüsselinformanten-Technik wurde die Beziehung zwischen den Untersuchungsvariablen mit dem SmartPLS analysiert. Es zeigte sich, dass ein signifikanter Effekt zwischen SaaS-Qualität und SaaS-Nutzungsabsicht nicht besteht. Außerdem sind Reaktionsfähigkeit und Sicherheit/Privatsphäre die wichtigsten Faktoren, die eine bedeutende Rolle bei der SaaS-Servicequalität für die Zufriedenheit und den wahrgenommenen Nutzen spielen.

Auf der Grundlage der Literaturrecherche wurden die unten aufgeführten Hypothesen formuliert:

H_{o1}: Software as a Service hat keinen signifikanten Einfluss auf die Flexibilität der Logistikprozesse.
H_{o2}: Software as a Service hat keinen signifikanten Einfluss auf die Auftragsabwicklung
H_{o3}: Software als Service hat keinen signifikanten Einfluss auf den Informationsaustausch.

2.6.2 Platform as a Service und Lieferkette Leistung

Chen et al. (2016) untersuchten, wie Adaptoren den Wettbewerbsvorteil unter dem moderierenden Einfluss von Unternehmensgröße und Wertschöpfungskettenaktivitäten sehen. Ein Fragebogen an 7000 Unternehmen in Taiwan, durch Postversand. Variablen Umschlag verbesserte Fähigkeit und verbesserte Skalierbarkeit. Auf der Grundlage von 65 verwertbaren Fragebögen wurde die ANOVA zur Datenanalyse eingesetzt. Die Studie entdeckte, dass der zusammengesetzte Nutzen der Plattform nur geringfügig vorhanden ist.

Lal und Bharadwaj (2016) untersuchten die Elemente, die für die Einführung von Innovationen verantwortlich sind, und förderten deren Verständnis. Für die Studie wurden

Interviews und halbstrukturierte Fragebögen verwendet. Die Studie verwendete eine theoretische Stichprobenmethode für 21 Unternehmen in Indien. Die Studie ergab, dass ein signifikanter Einfluss dieser Faktoren auf die Nachfrage nach der Bereitstellung von Diensten und einer einfach zu bedienenden Schnittstelle, Erfahrung und Fachwissen des Cloud-Service-Anbieters und Unterstützung durch das Top-Management bei der Entscheidung zur Einführung von cloudbasierten Diensten signifikant ist. Die Studie ergab auch, dass Platform as a Service (PaaS) die organisatorische Flexibilität beeinflusst.

Auf der Grundlage der oben genannten Überprüfung wurden die unten aufgeführten Hypothesen formuliert:

H_{o4}: Plattform als Dienstleistung hat keinen signifikanten Einfluss auf die Flexibilität des Logistikprozesses. H_{o5}: Plattform als Dienstleistung hat keinen signifikanten Einfluss auf die Auftragsabwicklung. H_{o6}: Die Plattform als Dienstleistung hat keinen signifikanten Einfluss auf den Informationsaustausch.

2.6.3 Infrastruktur als Service und Lieferkette Leistung

Battleson, West, Kim, Ramesh und Robinson (2016) untersuchten die dynamischen Fähigkeiten und die Cloud-Infrastruktur anhand von Fallstudien bei 14 Unternehmen, die derzeit eine Cloud-Infrastruktur nutzen. Im Rahmen der Studie wurden Top-Führungskräfte nach dem Zufallsprinzip ausgewählt. Die Schneeballsystem-Methode wurde auch verwendet, um die Hauptinformanten wie den Chief Information Officer zu bestimmen. Das Ergebnis zeigt, dass Unternehmen auf die Marktdynamik reagieren und dynamische Fähigkeiten entwickeln.

Yang, Qu und Liu (2016) untersuchten die Bedeutung der Infrastruktur in verschiedenen Unternehmen. Sie untersuchen die Möglichkeiten der Infrastruktur in Bezug auf die Anpassungsfähigkeit und die Einbeziehung der Unterstützung der Teilnahme an Geschäftsaktivitäten, die zur Leistung der Unternehmen führt. Es wurden 184 Kunden von Alibaba verwendet und die PLS-Technik zur Analyse eingesetzt. Es wurde festgestellt, dass die Infrastruktur den Lebenszyklus und die Marktturbulenzen beeinflusst.

Schniederjans, Ozpolat und Chen (2016) untersuchten den Einfluss der Einführung von Cloud-Infrastrukturen auf die Zusammenarbeit und das Streben nach Agilität in humanitären Unternehmen, wobei der Einfluss des Vertrauens zwischen den Organisationen moderiert wurde. Die Interview-Methode wurde bei 19 Unternehmen von Hilfsorganisationen und ihren Befürwortern angewendet. Es zeigte sich, dass Zusammenarbeit einen signifikant positiven Zusammenhang mit Agilität in humanitären Organisationen hat.

Camara, Fuentes und Mmarin (2015) untersuchten die Auswirkungen der Cloud-Infrastruktur auf die Leistung. Mit 394 ausgewählten Unternehmen in Spanien, die das CATL durch eine Telefonumfrage zur Prüfung der Hypothesen einsetzten, wurde die Technik der faktoriellen Analyse angewandt, um den Beitrag der Integration zu den Infrastrukturbedürfnissen zu demonstrieren.

Auf der Grundlage der oben genannten Überprüfung wurden die unten aufgeführten Hypothesen formuliert:

H07: Infrastruktur als Dienstleistung hat keinen signifikanten Einfluss auf die Flexibilität von Logistikprozessen.
H08: Infrastructure as a Service hat keinen signifikanten Einfluss auf die Auftragsabwicklung.
H09: Infrastruktur als Dienstleistung hat keinen signifikanten Einfluss auf den Informationsaustausch.

2.7 Interorganisationales Vertrauen als moderierende Variable für die Beziehung zwischen Cloud Computing Service Adoption und Supply Chain Performance

Vertrauen ist ein heikles Thema bei der Einführung von Cloud-Diensten (Selvara & Sundararajan, 2017) und hat bei der Verwirklichung der Cloud-Epoche eine zentrale Rolle gespielt (Tang etal, 2016). Außerdem ist es ein neuer Bereich der akademischen Forschung, der in mehreren Forschungsarbeiten und akademischen Schriften untersucht worden ist (Lynn etal., 2016). Renommierte Vertrauenstheoretiker haben Vertrauen als ein Instrument zur Risikobewältigung bezeichnet, das sich mit dem Bedarf an technologischem Fortschritt im Allgemeinen beschleunigt (Tang etal, 2016; Selvara & Sundararajan, 2017; Pattan & Mohammed (2015)).

Selvara & Sundararajan (2017) beschreiben Vertrauen als eine subjektive, korrelative, messbare Verbindung zwischen Diensten, die sich gegenseitig beeinflussen und bestrebt sind, in einem bestimmten Kontext zu einem bestimmten Zeitpunkt beständig und zuverlässig zu funktionieren. Goel (2015) postuliert, dass Vertrauen von den Partnern abhängt, die an einer Transaktion beteiligt sind. Kraftstoffeinzelhandelsunternehmen haben eine Menge vertraulicher Informationen, die Übertragung von Daten über das Internet ist primär und beruht auf "Vertrauen" zwischen Produktnutzer und Anbieter. Damit ein interorganisationales Vertrauensverhältnis realisierbar ist, müssen sich die Akteure allgemein zu den Grundsätzen des Vertrauens bekennen (Chiregi & Navimipour, 2017). Selvara und Sundararajan (2017) beobachten verschiedene Varianten, die notwendig sind, damit Vertrauen richtig funktioniert. Aus diesen drei verschiedenen Aspekten schließen Pattan und Mohammed (2015), dass eine Institution bei allen Stakeholdern einen guten Ruf haben muss. Ein Vertrauensmodell berücksichtigt alle Einheiten, die ein operatives Umfeld bilden, um ein gegenseitiges Verständnis aufrechtzuerhalten, das anschließend ein Vertrauensmuster erzeugt (Xie et al., 2016).

Es **wird** als eine wichtige Komponente für die Einführung von Cloud Computing betrachtet. (Chiregi und Navimipour, 2017). Einige wissenschaftliche Studien zum Thema Vertrauen haben sich angesammelt. So untersuchten Garrison et al. (2012) umfassend die Grundlagen der Vertrauensmessung im Cloud Computing, Chahal und Singh (2016) untersuchten vertrauenswürdige Lieferketten mit einem kritischen Blick auf den Wettbewerbswert der Clouds, und Liu, Rau und Wendler (2014) schlugen die Möglichkeit gegenseitiger Beziehungen vor, die für die Einführung von Cloud Computing geeignet sind, und entdeckten, dass voneinander abhängige Personen beim Aufbau ihres Vertrauens sehr viel besser zusammenarbeiten als unabhängige. Geleitet von der obigen Übersicht wurde die unten aufgeführte Hypothese formuliert:

H$_{o10}$: Interorganisationales Vertrauen moderiert nicht den Einfluss der Einführung von Cloud Computing-Diensten auf die Leistung der Lieferkette.

2.8 Abweichung von früheren Studien und Lücken

Lal und Bharadwaj (2016) wählten für ihre Studie einen Ansatz für ausführliche Interviews und verwendeten einen halbstrukturierten Fragebogen. Die theoretische Stichprobe wurde bei 21 Berufsverbänden in Indien verwendet, und die Teilnehmer waren CIOs, CTOs, IT-Leiter und Systemmanager. In der vorliegenden Studie wurden 55 Kraftstoffeinzelhandelsunternehmen nach dem Erhebungsansatz und dem einfachen Zufallsverfahren befragt. Die Befragten setzten sich aus Tankstellenleitern, Logistik-/Transportleitern, Tankstellenleitern und Leitern von Tankstellen zusammen.

Kung et al. (2015) untersuchten einige ausgewählte Fertigungsunternehmen in den USA anhand von dreihundertfünfzig ausgefüllten Fragebögen und wiesen nach, dass bei der Absicht eines Unternehmens, SaaS einzuführen, ein interaktiver Zusammenhang besteht. In der vorliegenden Studie wurden 55 Kraftstoffeinzelhandelsunternehmen herangezogen, die Fragebögen an zweihundertzwei Befragte ausfüllten, und der Einfluss der Einführung von Cloud-Computing-Diensten auf die Leistung von Kraftstoffeinzelhandelsunternehmen wurde ermittelt.

Camara et al. (2015) analysierten die Auswirkungen von Cloud Computing auf die Unternehmensleistung. 394 Unternehmen in Spanien wurden per Telefonumfrage befragt. Der Einfluss der Dienstleistung wurde in dieser Studie beibehalten und die einfache Zufallsstichprobentechnik bei 202 Befragten durch eine Fragebogenerhebung angewendet.

Liu et al. (2016) untersuchten das wichtige Potenzial von Cloud Computing in verschiedenen Unternehmen anhand eines Fragebogens mit 184 Befragten in China. Für die Datenanalyse wurde die PLS-Analyse verwendet. Diese Studie untersuchte die Einführung von Cloud Computing-Diensten im Kraftstoffeinzelhandel anhand eines Fragebogens mit 202 befragten Kraftstoffeinzelhändlern im nigerianischen Bundesstaat Rivers und verwendete die Regressionsmethode zur Datenanalyse.

Auch hier sind frühere wissenschaftliche Untersuchungen (z. B. Hui etal., 2010; Huang etal., 2011) und neuere (z. B. Chen etal., Lal & Brahadwaj, 2016; Attaran, 2017) der Kraftstoffeinzelhandelsbranche und dem nigerianischen Umfeld fremd und bilden somit eine geografische Lücke, in der keine oder nur unzureichende Untersuchungen an dem aktuellen Standort durchgeführt wurden, an dem der Forscher seine Untersuchungen durchführen möchte.

Schließlich handelt es sich bei der Mehrzahl der Studien in diesem Bereich um explorative, deskriptive oder cloudbasierte Forschung, und es fehlt an empirischen Studien. Dies ist eine methodologische Lücke, da es einen Trend zur Verwendung qualitativer Ansätze auf Kosten quantitativer Methoden gibt, was dazu führen kann, dass bestimmte Daten, die nur durch die Verwendung quantitativer Methoden gewonnen werden könnten, nicht berücksichtigt wurden.

Die oben genannten Wissenslücken wurden in der Studie identifiziert, und diese Arbeit füllt diese Lücken, indem sie ein strukturiertes und hoch formalisiertes System von Alternativen zur Nutzung von Cloud Computing-Diensten (Software, Plattform und Infrastruktur) und der Leistung der Lieferkette (Flexibilität der Logistikprozesse, Auftragsabwicklung und Informationsaustausch) einbezieht. Auf der Grundlage der Literaturauswertung wurde der in Abbildung 2.3 dargestellte operative Rahmen entwickelt:

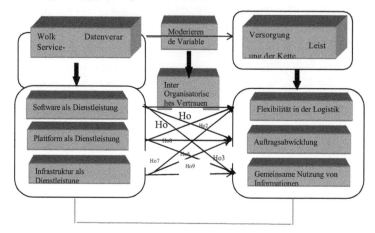

Abbildung 2.3: Operativer Rahmen für die Beziehung zwischen der Einführung von Cloud Computing-Diensten und der Leistung der Lieferkette.

Quelle: Desk Research des Autors, 2019.

Der operative Rahmen veranschaulicht den Zusammenhang zwischen den Dimensionen der Einführung von Cloud Computing-Diensten und den Leistungskennzahlen der Lieferkette. Der Rahmen veranschaulicht eine funktionale Beziehung des Einflusses zwischen den Variablen und Dimensionen. Dieser Einfluss wird durch interorganisationales Vertrauen moderiert.

2.9 Zusammenfassung der Literatur Übersicht

Ausgehend von der Literaturrecherche wurden in der Studie Beziehungen zwischen den Dimensionen der Einführung von Cloud Computing-Diensten (Software als Service, Plattform als Service und Infrastruktur als Service) und den Leistungskennzahlen der Lieferkette (Flexibilität der Logistikprozesse, Auftragsabwicklung und Informationsaustausch) entwickelt, die den Ausgangspunkt für unseren operativen Rahmen bildeten. In der Studie wurde auch die Literatur über frühere empirische Studien zu den untersuchten Variablen geprüft und schließlich ein operativer Rahmen für die betreffenden Variablen entwickelt.

KAPITEL 3 FORSCHUNG METHODIK

Die Forschungsmethodik beschreibt, wie die Forschung durchgeführt wurde. Sie umfasst Abschnitte über das Forschungsdesign, die Grundgesamtheit der Studie, die Stichprobe und das Stichprobenverfahren, die Messung der Variablen, die Gültigkeit des Forschungsinstruments, die Zuverlässigkeit des Forschungsinstruments und die Art und Weise, wie die Informationen gesammelt und analysiert wurden.

3.1 Forschung Design

Das Forschungsdesign stellt eine grundlegende konzeptionelle Struktur dar, die Einseitigkeiten ausgleicht, um die Wahrheitsfindung voranzutreiben. Es wurde die kausale Methode angewandt, die darauf abzielt, die Existenz oder Nichtexistenz derjenigen Dienstleistung nachzuweisen, die die Veränderungen in der Leistung der Lieferkette bedingt. Die positivistische Ontologie wurde angewandt, da die Studie versucht, die Realität durch Dualismus zu erzeugen. Die Umfrageforschung wurde als Methode zur Erhebung von Primärdaten verwendet (Cooper & Schindler 2014). Außerdem wird in der Studie ein quantitativer Forschungsansatz bzw. eine quantitative Forschungsmethodik (Adamides et al., 2012) verwendet, d. h. eine nomothetische Methodik, die die Verwendung von Fragebögen ermöglicht. Die Art des Forschungssettings oder -umfelds ist ein ungekünsteltes oder natürliches Setting und der Grad der Kontrolle, den der Forscher über die Elemente des Forschungssettings, die Studienteilnehmer und die Methode der Datenerhebung hat, ist eine teilweise oder nicht vollständige Kontrolle.

3.2 Grundgesamtheit der Studie

Die Zielpopulation der Studie besteht aus allen Einzelhandelsunternehmen für Erdöl in Nigeria, die im Allgemeinen als unabhängige Vermarkter bekannt sind, die Benzin (PMS), Diesel (AGO) und Motorschmierstoffe (ML) verkaufen und mindestens einhundert bis zweihundert Mitarbeiter sowohl in der oberen als auch in der unteren Ebene beschäftigen, während die zugängliche Population alle fünfundfünfzig (55) Einzelhandelsunternehmen für Erdöl umfasst, die im Business Registration Directorate des Commercial Department in Port Harcourt registriert sind. Die Erdölvertriebsfirmen wurden ausgewählt, weil sie den umfassendsten und stärksten Wirtschaftszweig in Nigeria darstellen, der für die Untersuchung dieser Konzepte in hohem Maße geeignet ist. Außerdem handelt es sich um die bedeutendste Gruppe im nigerianischen nachgelagerten Öl- und Gasvertriebskanal mit einer enormen Abdeckung in ganz Nigeria (Anyanwu et al., 2011).

3.3 Probenahme und Stichprobe Umfang

Ribus, Leiras und Hamacher (2011) stellen fest, dass die Repräsentativität die wichtigste Überlegung bei der Auswahl einer Stichprobe ist. Ritchie et al. (2014) stellen fest, dass eine geeignete Stichprobe unter den besonderen Umständen eines jeden Forschungsprojekts wichtig ist. Sekaran und Bougie (2013) behaupten, dass die Erhebung von Daten aus einer Stichprobe, die die gesamte Bevölkerung repräsentiert, eine logische Präferenz ist, wenn es

Hemmungen hinsichtlich der Zeit und des Budgets gibt und es nicht praktikabel ist, die gesamte Bevölkerung zu untersuchen. Der Stichprobenrahmen stellt die einzelnen Komponenten der Grundgesamtheit dar, aus der die Stichprobe entsteht (Ritchie et al., 2014). Die Stichprobengröße dieser Studie umfasst daher 55 Einzelhandelsunternehmen für Erdölprodukte im Bundesstaat Rivers. Die einfache Zufallsstichprobenmethode wurde angewandt, um vier leitende Angestellte aus jeder der 55 interessierenden Mineralölvertriebsfirmen auszuwählen. Somit wurden 220 Schlüsselpersonen für die Studie ausgewählt. Der Ansatz der Schlüsselpersonen ermöglichte es der Studie, Daten von Terminalmanagern, Transport-/Logistikmanagern, Tankstellenmanagern und Tankstellenaufsehern zu sammeln, die sich auf das untersuchte Konstrukt bezogen. Jedes Unternehmen erhielt vier Exemplare des Fragebogens, so dass insgesamt 220 vervielfältigte Exemplare des Fragebogens verteilt wurden. Die Berufsbezeichnungen und der Hintergrund der Befragten wurden ermittelt, um sicherzustellen, dass diese wichtigen Befragten die Fragen beantworten.

3.4 Messung von Variablen

Die entsprechenden Dimensionen und Maßnahmen werden in diesem Abschnitt beschrieben. Insgesamt wurden fünfunddreißig Items bewertet.

Tabelle 3.1: Messung der Variablen

Forschung Konstruieren Sie	Variabel	Variabler Code	Anzahl der Punkte/Fragen
Lieferkette Leistung	Flexibilität der Logistikprozesse	L P F	4
	Auftragsabwicklung	VON	4
	Austausch von Informationen	IS	4
	Leistung der Lieferkette	SCP	4
Wolke Datenverarbeitung	Software als Dienstleistung	SaaS	5
	Plattform als Dienstleistung	PaaS	5
	Infrastruktur als Dienstleistung	IaaS	5
Moderation Variabel	Interorganisatorisches Vertrauen	IOT	4
Insgesamt			**35**

Quelle: Konzept des Forschers, 2019

Einführung von Cloud Computing-Diensten

Diese Variablen für die Annahme von Cloud-Computing-Diensten wurden in Anlehnung an die Arbeit von Chen et al. (2016) mit einer Reihe von Fragen nach Dienstarten versehen. Fünf der Fragen bezogen sich auf Software as a Service, fünf auf Platform as a Service und fünf auf Infrastructure as a Service.

Leistung der Lieferkette

In diesem Abschnitt werden verschiedene Messgrößen des Indikators für die Leistung der Lieferkette untersucht, die in der vorhandenen Literatur zusammengestellt wurden: Flexibilität der Logistikprozesse, Auftragsabwicklung und Informationsaustausch. Diese Maße werden in früheren Studien gut unterstützt (Ribas et al., 2011; Wang et al., 2013; Silvestro & Lustrato, 2014). Die Quellen für diese Indikatoren wurden ebenfalls aufgelistet und veranschaulichen die bestehenden Variablen für die Einführung von Cloud Computing-Diensten in Bezug auf die Flexibilität der Logistikprozesse, die Auftragsabwicklung und den Informationsaustausch. Sechzehn (16) Fragen wurden für die Konstrukte der Studie verwendet.

Leistung der Lieferkette	Quellen
Flexibilität der Logistikprozesse	Mihi-Ramirez et al. (2012)
(2014)	AuftragsabwicklungMisra und Sharan
(2007)	InformationsaustauschBarratt und Oke

Quelle: Literaturübersicht, 2019

3.5: Gültigkeit des Forschungsinstruments

Roben (2011) definiert dieses Konzept als eine Methode, mit der die Genauigkeit der zuvor behaupteten Messung überprüft wird. Ritchie et al. (2014) unterstützen dies, indem sie erklären, dass das untersuchte Konzept alle Aspekte des Konzepts umfasst. Interne Validität und externe Validität sind zwei Arten der Validität (Tichapondwa, 2013). Die Validität der in dieser Studie verwendeten Skalen bestand die Inhalts- und Konstruktvalidität. Dies wurde durch die folgenden Maßnahmen sichergestellt: Das Erhebungsinstrument wurde sowohl der Inhalts- als auch der Konstruktvalidität unterzogen, indem das Instrument der offenen Ansicht und Genehmigung des Betreuers der Dissertation sowie der Prüfung durch Kollegen unterzogen wurde, um sicherzustellen, dass die erhobenen Aussagen ihre Absichten angemessen repräsentieren.

3.6: Reliabilität des Instruments für die Forschung

Die interne Konsistenz des Instruments wurde mit Hilfe von Cronbachs Alpha ermittelt, um die Ergebnisse der Instrumente zur Beschreibung der Faktoren/Konstrukte gemäß Ahiazu (2006) wissenschaftlich zu überprüfen.

Nachdem die vervielfältigten, verteilten Exemplare des Fragebogens ermittelt worden waren, wurde anschließend die Reliabilität der Skalen durch die Berechnung des Koeffizienten Alpha der Variablen (Cronbach Alpha) untersucht. Es wurde festgestellt, dass alle Skalen den kleinsten zulässigen Wert von 0,7 übersteigen.

Tabelle 3.2: Maß für die Akzeptanz von Cloud Computing-Diensten und die Leistung der Lieferkette (n=202).

Skala	Dimension	Artikel	Verlässlichkeit
SaaS	Software als Dienstleistung	5	0.924
PaaS	Plattform als Dienstleistung	5	0.957
IaaS	Infrastruktur als Dienstleistung	5	0.973
LPF	Flexibilität der Logistikprozesse	4	0.885
VON	Auftragsabwicklung	4	0.962
IS	Gemeinsame Nutzung von Informationen	4	0.954
SCP	Leistung der Lieferkette	4	0.897
IOT	Interorganisationales Vertrauen	4	0.947

Quelle: SPSS Output, 2019.

Tabelle 3.2 enthält eine Zusammenfassung der Einführung von Cloud Computing-Diensten und der Leistung der Lieferkette. Die Zuverlässigkeitstests der einzelnen Dimensionen und Messgrößen wurden ebenfalls einbezogen und zur Untersuchung der Einführung von Cloud Computing-Diensten und von Mineralölvertriebsunternehmen eingesetzt. Der Einfluss der Einführung von Cloud Computing-Diensten auf die Lieferkette Die Leistung der Lieferkette wurde anhand von Software als Dienstleistung (.924) mit einer 5-Detail-Bewertung, Plattform als Dienstleistung (.952) mit einer 5-Detail-Bewertung, Infrastruktur als Dienstleistung (.973) mit einer 5-Detail-Bewertung, Flexibilität der Logistikprozesse (885) mit einer 4-Detail-Bewertung, Auftragserfüllung (.962) mit einer 4-Detail-Bewertung, Informationsaustausch (.954) mit einer 4-Detail-Bewertung, Leistung der Lieferkette (897) mit einer 4-Detail-Bewertung und Vertrauen zwischen den Organisationen (.947) operationalisiert.

3.7 Methoden der Datenerhebung

In dieser Arbeit wurden Primär- und Sekundärquellen als nützliche Methoden zur Datenerhebung verwendet. Dabei wurden Primärdaten durch die Verteilung von Kopien organisierter Fragebögen gesammelt, die als veritable Mittel zur Datenerhebung angesehen wurden, während die Sekundärquellen durch zeitgenössische Quellen in Form von Lehrbüchern, Zeitschriften, Newslettern usw. gesammelt wurden.

Auf der Grundlage der Untersuchungsvariablen wurde ein Forschungsinstrument entwickelt, um die für die Mineralölvertriebsunternehmen erforderlichen Daten zu ermitteln. Daher wurden ein Terminalmanager, ein Transport-/Logistikmanager, ein Tankstellenleiter und ein Tankstellenaufseher in 55 Mineralölvertriebsunternehmen einbezogen.

Der Fragebogen bestand aus vier Teilen. Die Fragen in Teil 1 bezogen sich auf die Befragten der Studie; die Teile 2, 3 und 4 bezogen sich auf die Variablen der Studie. Das Instrument wurde persönlich übergeben. Das Forschungsinstrument wurde auf der Grundlage von Maßnahmen aus früheren Studien entwickelt. Die Befragten machten Angaben zu einer Reihe von Praktiken im Zusammenhang mit der Einführung von Cloud Computing-Diensten und zur bestehenden Lieferkettenleistung ihres Unternehmens.

3.8 Methode der Daten Analyse

Diese wurden wie folgt unterteilt:

3.8.1 Primäre

Die Variablen wurden in Form von Tabellen, Tortendiagrammen, Balkendiagrammen und Grafiken mit Häufigkeiten, Prozentsätzen, Mittelwerten, Standardabweichungen, Varianzen usw. dargestellt (Bordens & Abbott, 2002). Mit Hilfe der univariaten Statistik beschrieb die Studie entweder die Merkmale einer Stichprobe oder die Beziehung zwischen den Variablen (Rubin & Babbie, 2001).

3.8.2 Sekundäres

Die inferenzstatistische Analyse bewertete die aufgestellten Hypothesen und umfasste Folgendes:

(i). Einfache Regression: - Wird verwendet, um die Auswirkungen der Einführung von Cloud Computing-Diensten auf die Leistung der Lieferkette zu messen.

(ii). Multiple Regressionen: - Wird verwendet, um die kombinierte Auswirkung der Dimensionen der Cloud-Computing-Service-Einführung auf die Leistung der Lieferkette zu messen. Dabei wurde eine schrittweise Auswahl vorgenommen, um die Kollinearität zwischen unabhängigen Variablen in einem Regressionskoeffizienten zu testen, wobei die Variablen auf Intervall- oder Verhältnisniveau der abhängigen Variablen gemessen wurden (Hair et al., 2000). Des Weiteren wurde auf Multikollinearität zwischen den unabhängigen Variablen (X1) hinsichtlich ihrer Erklärungs- oder Vorhersagekraft getestet. Dies wurde in der einfachen Korrelationsmatrix und dem Varianzinflationsfaktor festgestellt.

(iii) Schrittweise Regressionsmethode: - wurde verwendet, um die Wirkung der moderierenden Variable - interorganisationales Vertrauen - auf unabhängige und abhängige Variablen zu testen.

3.8.3 Tertiäres

Die tertiäre Ebene umfasste die Interpretation der quantitativen Ergebnisse, um zu integrierten Erkenntnissen, Diskussionen, Schlussfolgerungen und Empfehlungen, einschließlich Aspekten künftiger Studien, zu gelangen.

3.9 Modell Spezifikation

In diesem Abschnitt wird das folgende Modell als Leitfaden für die Studie festgelegt:
$$SCP = f(SaaS, PaaS, IaaS) \dots\dots\dots 1 \text{ Wobei}$$

SCP = Leistung der Lieferkette SCP = LPF, OF, IS
SaaS=PaaS=IaaS=Cloud Computing Service Adoption Daher,
LPF= f (SaaS, PaaS, IaaS) OF= f (SaaS, PaaS, IaaS) IS= f (SaaS, PaaS, IaaS)
Die obige Gleichung wird in ökonometrische Form umgewandelt, indem ein konstanter Term (β) und ein Fehlerterm (E) in das nachstehende Modell aufgenommen werden:

SCP= f (SaaS, PaaS, IaaS)
SCP= $\beta 0 + \beta 1 SaaS + \beta 2 PaaS + \beta 3 IaaS$ -------------------------- +e2
LPF= $\beta 0 + \beta 1 SaaS + \beta 2 PaaS + \beta 3 IaaS +$ ------------------------ e3
OF= $\beta 0 + \beta 1 SaaS + \beta 2 PaaS + \beta 3 IaaS +$ ----------------------- e4
IS = $\beta 0 + \beta 1 SaaS + \beta 2 PaaS + \beta 3 IaaS +$ ------------------------ e5

Die mathematische Form des Modells lautet:
LPF= $\beta 0 + \beta 1 SaaS + \beta 2 PaaS + \beta 3 IaaS$ OF = $\beta 0 \beta 1 SaaS + \beta 2 PaaS + \beta 3 IaaS$
IS= $\beta 0 + \beta 1 SaaS + \beta 2 PaaS + \beta 3 IaaS$ Wobei:

SCP = Supply Chain Performance SaaS = Software as a Service PaaS = Platform as a Service IaaaS = Infrastructure as a Service
LPF = Logistik-Prozess-Flexibilität   OF= Auftragsabwicklung
IS   = Informationsaustausch
$\beta 0$= Schnittpunkt
$\beta 1$ $\beta 2$ = Koeffizient der Prädiktorvariablen
e= Fehlerterm

Es wurden drei (3) ökonometrische Modelle festgelegt.

Modell 1: Dimensionen der Einführung von Cloud Computing-Diensten und Flexibilität der Logistikprozesse Die funktionale Darstellung von Modell 1 lautet wie folgt:
LPF = f(CCSAD, IOT, CCSAD*IOT)   3.1
Wo;
LPF= Logistikprozess-Flexibilität
CCSAD= Cloud Computing Service Adoption Dimension IOT= Interorganizationales Vertrauen
CCSAD*SCP = Die Interaktion zwischen den Dimensionen der Annahme von Cloud Computing-Diensten und dem interorganisatorischen Vertrauen

Modell 2: Dimensionen der Akzeptanz von Cloud Computing-Diensten und Auftragsabwicklung
Modell 2 wird folgendermaßen spezifiziert:
OF = f (CCSAD, IOT, CCSAD*IOT)   3.2
Wo;
OF = Order Fulfillment (Auftragsabwicklung) der Unternehmen in der Untersuchungsstichprobe CCSAD= Cloud Computing Service Adoption Dimensions IOT= Interorganizational Trust (Vertrauen zwischen Unternehmen)
CCSAD*IOT= Die Wechselwirkung zwischen den Dimensionen der Einführung von Cloud Computing-Diensten und dem Vertrauen zwischen Organisationen

Modell 3: Dimensionen der Akzeptanz von Cloud Computing-Diensten und Informationsaustausch
Die funktionale Darstellung von Modell 3 ist wie folgt:
IS = f (CCSAD, IOT, CCSAD*IOT)   3.2
Wo;
IS = Informationsaustausch der Unternehmen in der Untersuchungsstichprobe CCSAD=

Dimensionen der Annahme von Cloud Computing-Diensten IOT= Interorganizationales Vertrauen

CCSAD*IOT= Die Wechselwirkung zwischen den Dimensionen der Einführung von Cloud Computing-Diensten und dem Vertrauen zwischen Organisationen

Apriori-Erwartung

Aus den theoretischen Vorschriften geht hervor, dass sich die Einführung von Cloud Computing-Diensten als Instrument des Wachstums und als Motor für die Einführung von Software as a Service, Platform as a Service und Infrastructure as a Service positiv auf die Leistung der Lieferkette (Flexibilität der Logistikprozesse, Auftragsabwicklung und Informationsaustausch) auswirken dürfte.

KAPITEL 4 DARSTELLUNG UND ANALYSE DER DATEN

Mit der Verwendung von Umfrage-Design und 55 Einzelhandel Erdöl-Marketing-Firmen in Rivers State, wurden Daten generiert, präsentiert und analysiert, mit der Analyse Verankerung der Verbreitung und Abruf von Fragebögen, demografische der Befragten, deskriptive und Datenbereinigung und bivariate .

4.1 : Verteilung und Abruf des Fragebogens
Mittels einer 35-Messer-Variable wurden Daten gesammelt und anschließend präsentiert.

Tabelle 4.1: Verteilung und Abruf der Fragebögen der Teilnehmer

S/n	Merkmale des Fragebogens	Verfügbare Menge	Prozentsatz%
1.	Gesamtzahl der produzierten Exemplare und verteilt	220	100
2.	Zurückgegebene Exemplare (erhalten)	212	96.4
3.	Nicht zurückgegebene Exemplare (nicht erhalten)	8	3.6
4.	Zurückgegebene Exemplare (erhalten)	212	100
5.	Verwendbare Kopien	202	95.3
6	Unbrauchbar (weggeworfen)	10	4.7
	Nutzbare Rate	$\dfrac{200100}{285} \times 1$	95.3

Quelle: Feldarbeit (2019).

Um eine praktikable Antwort der Studienteilnehmer zu präsentieren, wurden die Ergebnisse ihrer Antworten in drei verschiedene Abschnitte gliedert. 220 vervielfältigte Exemplare des Fragebogens wurden an die Befragten dieser Studie verteilt. 212 Exemplare wurden zugestellt, was eine Befolgungsquote von 96,4 Prozent ergibt. 8 der ursprünglich verteilten Exemplare wurden aus ungeklärten Gründen nicht zugestellt. Wie auch immer, die Erfüllungsquote von 96,4 % wird als überragend angesehen, da sie die niedrigste zulässige Rücklaufquote von 70 % übersteigt, wie Cooper und Schindler (2014) andeuten.

Von den 212 vervielfältigten und verteilten Fragebögen lagen 202 Exemplare vor, was zu einer Rücklaufquote von 95,3 % führte. Allerdings waren 4,7 % (10 Exemplare) nicht an dieser Untersuchung beteiligt, was nicht von Bedeutung ist.

Die Schätzung der Nutzung ergab 202 wiedergefundene und verfügbare verteilte Fragebögen, was 95,3 % der gesamten verteilten Fragebögen entspricht. Folglich wurden 202 Kopien reproduzierter verteilter Fragebögen für die Aufschlüsselung der These verwendet.

4.2 Demografische Auswertung der Teilnehmer
Wichtig ist, dass die Teilnehmer demografisch analysiert wurden, um den Grad der Erfahrung

der Teilnehmer mit dem betreffenden Thema zu ermitteln.

Tabelle 4.2: Demografische Auswertung der Teilnehmer (n-202)

S/n	Faktoren	Frequenzen	%	S/N	Faktoren	Häufigkeiten	%
1.	Geschlecht Männlich Weiblich	127 75	62.9 37.1	4	Bildungsqualifikation		
					SSCE/OND	50	24.8
2.	Alter Halterung				HND/BSC	83	41.1
	18-27	33	16.3		MBA/MSc	56	27.7
	28-37	72	35.6		Ph.D	12	5.4
	38-47	58	28.7	5.	Jahre im Geschäft		
	48 und mehr	39	19.3		1-10 Jahre	110	54.5
					11-20 Jahre	55	27.2
3	Ehestand Status				21-30 Jahre	10	5.0
	Verheiratet	106	52.5		31 und mehr	27	13.4
	Einzeln	84	41.6		Befragte Titel		
	Witwe	8	4.0		FuelRetailTerminal Manager	51	25.2
	Geschieden	4	2.0		Leiter Transport/Logistik	49	24.3
					Tankstellenleiter	50	24.8
					FuelRetailStation Datenschutzbeauftragter	52	25.7

Quelle: Umfragedaten, 2019.

Die demografische Auswertung der Teilnehmer umfasst Geschlecht, Alter, Familienstand, Bildungsabschluss, Betriebszugehörigkeit und Titel der Befragten in den Kraftstoffeinzelhandelsunternehmen im Bundesstaat Rivers.

4.2.1 : Geschlecht der Teilnehmer

127 (62,9 %) der männlichen Befragten beantworteten das Erhebungsinstrument, und 75 (37,1 %) weibliche Teilnehmer nahmen an der Studie teil.

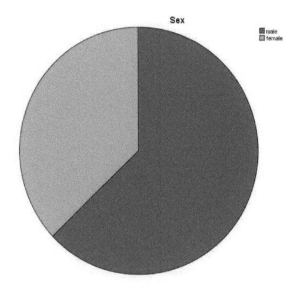

Abbildung 4.1: Geschlecht der Teilnehmer (n=202)

Die männlichen Mitarbeiter der befragten Mineralölvertriebsunternehmen haben sich stärker an der Studie beteiligt.

4.2.2 : Alter der Teilnehmer

Die Teilnehmer an der Studie wurden in folgende Altersgruppen eingeteilt: 18-27 Jahre, 2,28-37 Jahre, 38-47 Jahre und 48 Jahre und älter.

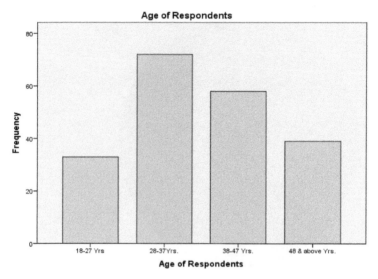

Abbildung 4.2: Alter der Teilnehmer (n=202)

72 Teilnehmer wurden im Alter von 28-37 Jahren eingestuft, was die höchste Zahl der Teilnehmer ausmacht. Diejenigen, die im Alter von 38-47 Jahren eingestuft wurden, erzielten mit 58 das zweithöchste Ergebnis, 39 der Teilnehmer im Alter von 48 und mehr Jahren erzielten das dritthöchste Ergebnis. Schließlich waren 33 Teilnehmer zwischen 18 und 27 Jahre alt.

4.2.3 : Teilnehmer Familienstand Status

In der Studie wurden vier Familienstände erfasst: 106 Verheiratete (52,5%), 84 Ledige (41,6%), 8 Witwen (4,0%) und 4 Geschiedene (2,0%).

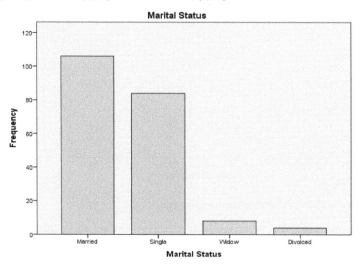

Abbildung 4.3: Familienstand der Befragten (n=202)5555555555555555

Die vier erfassten Familienstände: 106 (52,5 %) der Teilnehmer sind verheiratet, 84 (41 %) der Teilnehmer sind ledig, 8 (4,0 %) der Teilnehmer sind verwitwet und 4 (2,0%) sind geschieden.

4.2.4 : Bildung Qualifizierung

In der Studie wurden auch vier Kategorien von Bildungsabschlüssen erfasst: 50 Inhaber eines Senior Secondary School Certificate/National Diploma (24,8 %), 83 Inhaber eines Higher National Diploma/Bachelor of Science (41,1 %), 56 Inhaber eines Master of Business Administration/Master of Science (27,7 %) und 13 Inhaber eines Doctor of Philosophy (6,4 %).

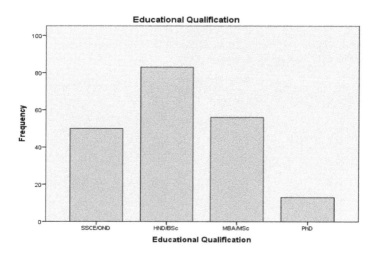

Abbildung 4.4: Bildungshintergrund der Befragten (n=202).

Die Kategorien mit HND/BSC beantworteten den Forschungsfragebogen am häufigsten, gefolgt von den Inhabern eines MBA/MSc-Abschlusses. Die Inhaber von SSCE/OND-Zertifikaten beantworteten die Instrumente am dritthäufigsten, während die geringste Antwortquote von den Inhabern eines Doktorgrades kam. Die Stichprobe setzte sich also aus Personen mit unterschiedlichem Bildungshintergrund zusammen.

4.2.5 : Jahre der Teilnehmer im Geschäft

Aus Tabelle 4.2 geht hervor, dass 110 (54,5 %) der Teilnehmer seit 1-10 Jahren in ihren Unternehmen arbeiten, 55 (27,2 %) seit 11-20 Jahren, 10 (5,0 %) seit 21-30 Jahren und 27 (13,4 %) seit 31 und mehr Jahren in ihren Unternehmen.

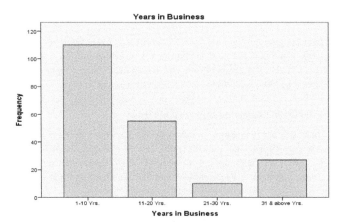

Abbildung 4.5: Jahre der Geschäftstätigkeit der Befragten (n=202).

4.2.6. Befragte Titel

Der Titel der Befragten umfasst 51 Tankstellenleiter (25,2 %), die den Fragebogen beantworteten, 49 Transport-/Logistikleiter (24,3 %) beantworteten den Fragebogen, 50 Tankstellenleiter (24 %) nahmen an der Studie teil, 52 Tankstellenaufseher (25,7 %) waren Probanden der Studie.

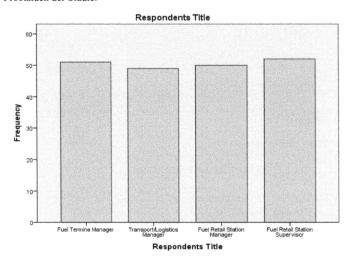

Abbildung 4.6: Titel der Befragten (n=202).

4.3 Analyse der Forschungsfragen

Die deskriptiven Beziehungen der Variablen werden in diesem Abschnitt dargestellt. Die Forschungsfragen eins, zwei und drei sind in Tabelle 4.3 zusammengefasst, während die Forschungsfrage vier in Tabelle 4.4 dargestellt ist. Das Wesentliche dieser Gruppierungen ist die Interaktion der Variablen. Nwokah (2006) verwendete eine ähnliche Methode.

4.3.1 Komponenten des Cloud Computing-Dienstes Einführung

Die deskriptiven Ergebnisse der Interaktion zwischen den Komponenten der Einführung von Cloud Computing-Diensten (SaaS, PaaS und IaaS) und dem SCP zeigen die Auswirkungen von SaaS, PaaS und IaaS auf das SCP anhand der Mittelwertdifferenz. Die Mittelwertdifferenzen zwischen SaaS, PaaS und IaaS und SCP sind hoch und signifikant, was ein Hinweis darauf ist, dass die Annahme von Cloud Computing-Diensten.

Tabelle 4.13. Bestandteile Wolke Computerdienst von Leistung (n=202) Verabschiedung und Lieferkette

	SaaS	PaaS	IaaS	SCP
Mittlere	21.72	21.16	19.041	11.84
Std.Abweichung	.270	.329	.401	.257
Abweichung3	.834		5.695	3.647
Schiefe14	,701	4.671	32.436	13.298
Std. Fehlervon1	,612	21.819	-438	.680
Skewnes	.171	-1.391	.171	.171
		.171	-	
Summe	4387	4275	2392	3846

Quelle: SPSS Output, 2019.

Anmerkungen: SaaS=Software PaaS = Plattform
IaaS=Infrastruktur
SCP= Leistung der Lieferkette

Der Mittelwert für Software als Dienstleistung (21,72) ist analog zu den Mittelwerten für Plattform als Dienstleistung und Infrastruktur als Dienstleistung (21,16 bzw. 19). Die Mittelwerte von Supply Chain Performance (11,84), Infrastruktur als Dienstleistung (19,04), Plattform als Dienstleistung (21,16) und Software als Dienstleistung (21,72) weisen rationale Unterschiede auf. Der dargestellte Standardfehler des Mittelwerts deutet auf eine harmonische Annahme von Cloud Computing-Diensten in Bezug auf die Leistung der Lieferkette hin. Der Standardfehler des Mittelwerts liegt bei SaaS (.270), PaaS (.329), IaaS (.401) und Supply Chain

Performance (.257). Ihre Standardabweichungen sind ebenfalls kohärent signifikant mit Software as a Service (3,834), Platform as a Service (4,671), Infrastructure as a Service (5,695) und Supply Chain Performance (3,647). IF unterstellt eine überragende Abweichung bei
32,436 als PaaS mit 21,819 und SaaS mit 14,701. Die Summe und der Mittelwert, wie sie in der Analyse dargestellt sind, ermöglichen es uns, zu artikulieren, dass der Schwerpunkt der Mineralölvertriebsunternehmen auf einem erfolgreichen Betrieb liegt, weil sie SaaS als eine erreichbare Lösung betrachten, die für Unternehmen mit profunden Analyseergebnissen mehrere Vorteile mit sich bringen kann.

4.3.2. Interorganisationales Vertrauen und Leistung der Lieferkette

Die deskriptiven Ergebnisse verwenden die Mittelwertdifferenzen der Variablen und zeigen, dass die Mittelwertdifferenz zwischen ihnen hoch und signifikant ist.

Tabelle 4.4: Interorganisationales Vertrauen und Leistung der Lieferkette (n=202)

	IOT	SCP
	15.50	11.34
Std. Fehler des Mittelwerts	.288	.257
Std. Abweichung	4.021	3.647
Abweichung	16.172	13.298
Schrägheit	-1007	-680
Standardfehler der Schiefe	.171	.171
	Summe31302392	

Quelle: SPSS Output, 2019.
Anmerkung: IOT = Interorganizationales Vertrauen

4.4 Statistischer Test der Hypothesen

Im Mittelpunkt dieser Arbeit steht die Ermittlung der Beziehung zwischen den Variablen (Bordens & Abbott, 2002). Für die Analyse wurde die einfache Regression verwendet. Diese zielt darauf ab, die Art der Vorhersage der Prädiktorvariablen auf die Kriteriumsvariablen zu ermitteln. Wir haben Streudiagramme verwendet, um dieses Ziel versuchsweise zu ermitteln. Es wurden jedoch die Alternativhypothesen aufgestellt und die Ergebnisse des Tests in Tabellenform dargestellt und anschließend diskutiert.

4.4.1 : Test der Hypothesen Eins

Ho1: Software as a Service hat keinen signifikanten Einfluss auf die Flexibilität der Logistikprozesse.

Tabelle 4.5. Regressionsmodell für Softwareeinführung und Flexibilität der Logistikprozesse

	R-Quadrat	Angepasst Quadratisch	R Standardfehler v on die Schätzung
1 .956 [a]	.915	.914	.958

a. Prädiktoren: (Konstante), Software als Dienstleistung Adoption
b. Abhängige Variable: Logistischer Prozess Flexibilität

Quelle: SPSS Output, 2019.

Die Summe der Flexibilität der Logistikprozesse wurde mit der Summe der Einführung von Software als Dienstleistung regressiert. Der Wert von R beträgt 0,956. Der R-Wert von 95,6 % zeigt die Korrelation zwischen der Einführung von Software als Dienstleistung und der Flexibilität der Logistikprozesse. Er stellt eine sehr starke Korrelation zwischen Software als Dienstleistung und der Flexibilität der Logistikprozesse dar. Der R2-Wert beträgt 0,915. Das bedeutet, dass 91% der Veränderung der Flexibilität der Logistikprozesse durch die unabhängige Variable erklärt wird. Es zeigt, dass die Einführung von Software als Dienstleistung einen Beitrag von 91% zu jeder Veränderung der Flexibilität der Logistikprozesse leistet, während 0,8% der Veränderungen nicht erklärt werden.

Tabelle 4.6: ANOVA für Software-as-a-Service-Adoption und Flexibilität der Logistikprozesse

		Summe der Quadrate	Df	Mittlere Platz	F	Sig. 000[b]
1	Regression	1959.262	1	1959.262	2145.274	
	Restbetrag	182.658	200	.913		
	Insgesamt	2141.921	201			

a. Abhängige Variable: Flexibilität der Logistikprozesse
b. Prädiktoren: (Konstante), Software als Dienstleistung.

Quelle: SPSS Output, 2019.

Die Angemessenheit des Modells kann auch durch den Wert 2145,274 (F-Quotient) bei $p < 0,05$ verdeutlicht werden. Dies bedeutet, dass es Anhaltspunkte dafür gibt, dass die Einführung von Software als Dienstleistung in einem linearen Zusammenhang mit der Flexibilität der Logistikprozesse steht. Dies legt nahe, dass das Modell als geeignet gemessen wird und dass die Einführung von Software als Dienstleistung einen wesentlichen Einfluss hat.

Tabelle 4.7: Koeffizienten für die Einführung von Software as a Service und Logistik

Modell	Nicht standardisierte B	Std. Fehler	Standardisierte Koeffizienten Beta	T	Sig.
Konstante	-665	.388		-1.429	.000
SaaS	.814	.018	.956	46.317	.000

a. Abhängige Variable: Flexibilität der Logistikprozesse
Quelle: SPSS Window Output, 2019.

Das Modell veranschaulicht dies: Logistikprozessflexibilität = -665 + 0,814 Software-as-a-Service-Einführung. Für eine gegebene Einheit der Einführung von Software als Dienstleistung wird die Flexibilität des Logistikprozesses um 0,814 erhöht. Das Ergebnis zeigt, dass Software als Dienstleistung signifikant mit dem Logistikprozess korreliert ist (p = 0,01), während Beta und t-Wert der unabhängigen Variablen 0,956 bzw. 46,317 betragen. Dies bedeutet, dass die Einführung von Software als Dienstleistung zu einer (positiven) Erhöhung der Flexibilität der Logistikprozesse führt.

Entscheidung:

Die **Hypothese 1, dass** die Einführung von Software als Dienstleistung keinen signifikanten Einfluss auf die Flexibilität der Logistikprozesse hat, wird abgelehnt (P-Wert < 0,05), und die Alternativhypothese, die besagt, dass die Einführung von Software als Dienstleistung einen signifikanten Einfluss auf die Flexibilität der Logistikprozesse hat, wird angenommen. Daher kann die Studie zu dem Schluss kommen, dass die Einführung von Software als Dienstleistung einen signifikanten Einfluss auf die Flexibilität der Logistikprozesse hat.

4.4.2 : Test der Hypothesen Zwei

H_{o2}: Die Einführung von Software as a Service hat keinen signifikanten Einfluss auf die Auftragsabwicklung.

Tabelle 4.8. Regressionsmodell für die Einführung von Software as a Service und die Auftragsabwicklung

Modell	R	R-Quadrat	Platz	R std Fehler v die Schätzung o n
1	.962 [a]	.925	.925	1.146

a. Prädiktoren: (Konstante), Software-as-a-Service-Adoption

b. Abhängige Variable: Auftragsabwicklung

Quelle: SPSS Output, 2019.

Die Summe der Auftragserfüllung wurde mit der Summe der Software-as-a-Service-Einführung regressiert. Der Wert von R beträgt 0,962. Der R-Wert von 96 % steht für die Korrelation zwischen Softwareeinführung und Auftragsabwicklung. Er stellt eine sehr starke Korrelation zwischen den beiden Variablen dar. Der R2-Wert beträgt 0,925. Das bedeutet, dass 92% der Veränderung der Auftragsabwicklung durch die unabhängige Variable erklärt wird. Es zeigt, dass die Einführung von Software als Dienstleistung einen Beitrag von 92% zu jeder Veränderung der Auftragsabwicklung leistet, während 0,8% der Veränderung nicht erklärt werden.

Tabelle 4.9: ANOVA Software as a Service Adoption und Auftragsabwicklung

	Modell	Summe der Quadrate	Df	Mittlere Platz	F	Sig.
1	Regression	3261.459	1	3261,459	2481.910	000[b]
	Restbetrag	262.818	200	1.314		
	Insgesamt	3524.299	201			

a. Abhängige Variable: Auftragsabwicklung
b. Prädiktoren: (Konstante), Software-as-a-Service

Quelle: SPSS Output, 2019.

Die Angemessenheit des Modells kann auch durch den Wert 2481,910 (F-Quotient) bei $p < 0,05$ verdeutlicht werden. Dies bedeutet, dass es Hinweise darauf gibt, dass die Einführung von Software linear mit der Auftragsabwicklung zusammenhängt. Daraus ergibt sich, dass das Modell als passend gemessen wird und dass die Einführung von Software as a Service einen wesentlichen Einfluss auf die Auftragsabwicklung hat.

Tabelle 4.10: Koeffizienten für Softwareeinführung und Auftragsabwicklung

Modell	B	Std. Fehler	Beta	T	Sig.
Konstante	-6.985	.465		-15.020	.000
SaaS	1.051	.021	.962	49.819	.000

a. Abhängige Variable: Auftragsabwicklung

Quelle: SPSS Window Output, 2019.

Das Modell veranschaulicht dies: Auftragsabwicklung = -6.985 + 1.051 Software-as-a-Service-Einführung. Für eine bestimmte Einheit der Einführung von Software als Dienstleistung erhöht sich die Auftragserfüllung um
1.051. Das Ergebnis zeigt, dass Software als Dienstleistung signifikant mit der Auftragsabwicklung korreliert ist, basierend auf 1% (p = 0,01) l, während Beta und t-Wert der unabhängigen Variable 0,962 bzw. 49,819 betragen. Dies bedeutet, dass die Einführung von Software als Dienstleistung zu einem (positiven) Anstieg der Auftragsabwicklung führt.

Entscheidung:
H_{o2}: Software als Service hat keinen signifikanten Einfluss auf die Auftragsabwicklung, wird abgelehnt (p<0,05), und die Alternativhypothese, die besagt, dass Software als Service die Auftragsabwicklung signifikant beeinflusst, wird akzeptiert. Daher kann die Studie zu dem Schluss kommen, dass die Einführung von Software als Dienstleistung die Auftragsabwicklung signifikant beeinflusst.

4.4.3 : Test der Hypothesen Drei

Ho3: Software as a Service hat keinen signifikanten Einfluss auf den Informationsaustausch.

Tabelle 4.11. Regressionsmodell für Software as a Service und Informationsaustausch

Modell	R	R-Quadrat	Quadratisch	R std Fehler v die Schätzung o n
1	.911 [a]	.830	.829	1.643

a. Prädiktoren: (Konstante), Software-as-a-Service Adoption
b. Abhängige Variable: Gemeinsame Nutzung von Informationen

Quelle: SPSS Output, 2019.

Die Summe des Informationsaustauschs wurde mit der Summe der Software-as-a-Service-Annahme regressiert. Der R-Wert für die Einführung von Software als Dienstleistung beträgt 0,911. Der R-Wert von 91 % zeigt die Korrelation zwischen der Einführung von Software als Dienstleistung und der gemeinsamen Nutzung von Informationen. Er stellt eine sehr starke Korrelation zwischen den beiden Variablen dar. Der R2-Wert beträgt 0,830. Das bedeutet, dass 83 % der Veränderung des Informationsaustauschs durch die unabhängige Variable erklärt wird. Es zeigt, dass die Einführung von Software als Dienstleistung einen Beitrag von 83 % leistet, während 0,17 % der Veränderung nicht erklärt werden.

Tabelle 4.12: ANOVA für Software-as-a-Service-Adoption und Informationsaustausch

		Summe der Quadrate	Df	Mittlere Platz	F	Sig. 000[b]
1	Regression	2637.383	1	2637.388	977.117	
	Restbetrag	539.829	200	2.699		
	Insgesamt	3177.213	201			

b. Prädiktoren: (Konstante), Software-as-a-Service-Adoption

Quelle: SPSS Output, 2019.

Die Angemessenheit des Modells kann auch durch den Wert 2481,910 (F-Quotient) bei $p < 0,05$ verdeutlicht werden. Dies bedeutet, dass es Anhaltspunkte dafür gibt, dass die Einführung von Software als Dienstleistung in einem linearen Zusammenhang mit dem Informationsaustausch steht. Dies legt nahe, dass das Modell als passend gemessen wird und dass die Einführung von Software als Dienstleistung einen wesentlichen Einfluss auf den Informationsaustausch hat.

Tabelle 4.13: Koeffizienten für die Einführung von Software als Dienst und den Informationsaustausch

Modell	Nicht standardisierte B	Std. Fehler	Koeffizienten Standardisierte Koeffizienten Beta	T	Sig.
Konstante	-6.985	.465		-15.020	.000
SaaS	1.051	.021	.962	49.819	.000

a. Abhängige Variable: Information Sharing Quelle: SPSS Output, 2019.

Das Modell veranschaulicht dies: Informationsweitergabe = -6.985 + 1,051 Software. Für eine gegebene Einheit der Einführung von Software als Dienstleistung erhöht sich der Informationsaustausch um 1,051. Das Ergebnis zeigt, dass Software signifikant mit dem Informationsaustausch korreliert ist, basierend auf 1% (p = 0,01), während Beta und t-Wert von Software als Dienstleistung .962 bzw. 49,819 betragen. Dies bedeutet, dass die Einführung von Software als Dienstleistung zu einem (positiven) Anstieg des Informationsaustauschs führt.

Entscheidung:

H₀3: Die Einführung von Software als Dienstleistung hat keinen signifikanten Einfluss auf den Informationsaustausch, wird abgelehnt (p<0,05), und die Alternativhypothese, die besagt, dass die Einführung von Software als Dienstleistung den Informationsaustausch signifikant beeinflusst, wird angenommen. Daher kann die Studie zu dem Schluss kommen, dass die Einführung von Software als Dienstleistung den Informationsaustausch signifikant beeinflusst.

4.4.4 : Test der Hypothesen Vier

H₀4: Plattform als Dienstleistung hat keinen signifikanten Einfluss auf die Flexibilität von Logistikprozessen.

Tabelle 4.14. Regressionsmodell für die Einführung von Platform as a Service und die Flexibilität der Logistikprozesse

Modell	R	R-Quadrat	Angepasst Platz	R v die Standardfohler n Schätzung
1	.766 ᵃ	.587	.585	2.104

a. Prädiktoren: (Konstante), Annahme von Platform as a Service
b. Abhängige Variable: Logistik Prozess-Flexibilität
Quelle: SPSS Output, 2019.

Die Summe der Flexibilität der Logistikprozesse wurde mit der Summe der Akzeptanz von Platform as a Service regressiert. Der Wert von R beträgt 0,766. Der R-Wert von 77 % zeigt die Korrelation zwischen der Einführung von Plattformen als Dienstleistung und der Flexibilität der Logistikprozesse. R2 beträgt 0,587. Das bedeutet, dass 59% der Veränderung der Flexibilität der Logistikprozesse durch die unabhängige Variable erklärt wird. Es zeigt, dass die Einführung von Platform as a Service zu 59 % zu jeder Veränderung der Flexibilität der Logistikprozesse beiträgt, während 0,41 % der Veränderung nicht durch das Modell erklärt werden.

Tabelle 4.15: ANOVA für die Akzeptanz von Platform as a Service und die Flexibilität der Logistikprozesse

	Modell	Summe der Quadrate	Df	Mittlere Platz	F	Sig.
1	Regression	1256.707	1	1256.707	283.933	000[b]
	Restbetrag	885.214	200	4.426		
	Insgesamt	2141.921	201			

a. Abhängige Variable: Flexibilität der Logistikprozesse
b. Prädiktoren: (Konstante), Annahme von Platform as a Service

Quelle: SPSS Output, 2019.

Die Angemessenheit des Modells kann auch durch den Wert 283,933 (F-Quotient) bei $p < 0,05$ verdeutlicht werden. Dies bedeutet, dass es Anhaltspunkte dafür gibt, dass die Plattformeinführung in einem linearen Zusammenhang mit der Flexibilität der Logistikprozesse steht. Dies lässt darauf schließen, dass das Modell als geeignet angesehen wird und dass die Plattformeinführung einen wesentlichen Einfluss hat.

Tabelle 4.16: Koeffizienten für die Akzeptanz von Platform as a Service und Logistik .

Modell	Nicht standardisierte		Standardisierte Koeffizienten		
	B	Std. Fehler	Beta	T	Sig.
Konstante	5380	.706		7.616	.000
PaaS	.945	.056	.766	16.850	.000

a. Abhängige Variable: Flexibilität der Logistikprozesse.

Quelle: SPSS Output, 2019.

Das Modell veranschaulicht dies: Flexibilität des Logistikprozesses = 5380 + 0,945 Einführung der Plattform als Dienstleistung. Für eine gegebene Einheit der Einführung einer Plattform als Dienstleistung erhöht sich die Flexibilität der Logistikprozesse um 0,945. Das Ergebnis zeigt, dass die Plattform signifikant mit der Flexibilität des Logistikprozesses korreliert ist, basierend auf 1% ($p = 0,01$), während der Beta- und t-Wert der unabhängigen Variable 0,766 bzw. 16,850 beträgt. Dies bedeutet, dass die Einführung von Platform as a Service zu einer (positiven) Erhöhung der Flexibilität des Logistikprozesses führt.

Entscheidung:
H_{o1}: Plattform als Dienstleistung hat keinen signifikanten Einfluss auf die Flexibilität des Logistikprozesses, wird abgelehnt ($p<0,05$), und die Plattform als Dienstleistung beeinflusst die Flexibilität des Logistikprozesses signifikant, wird angenommen. Daher kann die Studie zu dem Schluss kommen, dass die Plattform als Dienstleistung einen signifikanten Einfluss auf die Flexibilität des Logistikprozesses hat und die Akzeptanz die Flexibilität des Logistikprozesses signifikant beeinflusst.

4.4.5 : Test der Hypothesen Fünf

Ho5: Plattform als Service hat einen signifikanten Einfluss auf die Auftragsabwicklung.

Tabelle 4.17. Regressionsmodell für die Akzeptanz von Platform as a Service und Auftragsabwicklung

Modell	R	R-Quadrat	Quadratisch	R std Fehler v die Schätzung	o n
1	.755 a	.570	.567	2.754	

  a. Prädiktoren: (Konstante), Annahme von Platform as a Service
  b. Abhängige Variable: Auftragsabwicklung

Quelle: SPSS Output, 2019.

Die Summe der Auftragserfüllung wurde mit der Summe der Einführung von Plattformen als Dienstleistung regressiert. Der Wert von R beträgt 0,755. Der R-Wert von 75 % stellt die Korrelation zwischen der Nutzung von Plattformen als Dienstleistung und der Auftragsabwicklung dar. R2 beträgt 0,570. 57% der Veränderung der Auftragsabwicklung wird durch die unabhängige Variable erklärt. Dies zeigt, dass die Einführung einer Plattform als Dienstleistung einen Beitrag von 57% zu jeder Veränderung der Auftragsabwicklung leistet, während 0,43% der Veränderung nicht erklärt werden.

Tabelle 4.18: ANOVA für Plattform-as-a-Service-Adoption und Auftragsabwicklung

	Modell	Summe der Quadrate	Df	Mittlere Platz	F	Sig. 000[b]
1	Regression	2007.519	1	2007.519	264.712	
	Restbetrag	1516.759	200	7.584		
	Insgesamt	3524.277	201			

  a. Abhängige Variable: Auftragsabwicklung
  b. Prädiktoren: (Konstante), Annahme von Platform as a Service

Quelle: SPSS Output, 2019.

Die Angemessenheit des Modells kann auch durch den Wert 264,712 (F-Quotient) bei $p < 0,05$ verdeutlicht werden. Dies bedeutet, dass es Anhaltspunkte dafür gibt, dass die Einführung von Plattformen als Dienstleistung in einem linearen Zusammenhang mit der Auftragsabwicklung steht. Dies legt nahe, dass das Modell als geeignet angesehen wird und dass die Einführung von Plattformen als Dienstleistung einen wesentlichen Einfluss auf die Auftragsabwicklung hat.

Tabelle 4.19: Koeffizienten für die Akzeptanz von Platform as a Service und Auftragsabwicklung.

Modell	B	Std. Fehler	Beta		Sig.
Konstante	1.121	..925		1.212	.227
PaaS	1.195	.073	.755	16.270	.000

a. Abhängige Variable: Auftragsabwicklung.
Quelle: SPSS Output, 2019.

Das Modell veranschaulicht dies: Auftragsabwicklung = 1,121 + 1,195 Einführung von Plattform als Dienstleistung. Für eine gegebene Einheit von Plattform als Service, Adoption, wird die Auftragserfüllung um 1,195 erhöht. Das Ergebnis zeigt, dass die Plattform als Dienstleistung signifikant mit der Auftragsabwicklung korreliert ist, basierend auf 1% (p = 0,01), während Beta und t-Wert der unabhängigen Variablen 0,755 bzw. 16,270 betragen. Dies bedeutet, dass die Einführung von Platform as a Service zu einer (positiven) Erhöhung der Auftragserfüllung führt.

Entscheidung:

H_{o5}: Der Einsatz von Plattformen als Dienstleistung hat keinen signifikanten Einfluss auf die Auftragsabwicklung, wird abgelehnt (p<0,05), und die Alternativhypothese, die besagt, dass der Einsatz von Plattformen als Dienstleistung die Auftragsabwicklung signifikant beeinflusst, wird akzeptiert. Daher kann die Studie zu dem Schluss kommen, dass die Nutzung von Plattformen als Dienstleistung einen signifikanten Einfluss auf die Auftragsabwicklung hat.

4.4.6 : Test der Hypothesen Sechs

H_{o6}: Die Einführung von Plattformen als Dienstleistung hat keinen signifikanten Einfluss auf den Informationsaustausch

Tabelle 4.20. Regressionsmodell für die Annahme von Platform as a Service und Informationsaustausch

Modell	R	R-Quadrat	Angepasst Platz	R std Fehler o Schätzung n	v die
1	.692[a]	.481	.429	2.872	

a. Prädiktoren: (Konstante), Plattform als Dienstleistung Adoption
b. Abhängige Variable: Gemeinsame Nutzung von Informationen
Quelle: SPSS Output, 2019.

Die Summe des Informationsaustauschs wurde mit der Summe der Annahme von Plattformen als Dienstleistung regressiert. Der Wert von R beträgt 0,692. Der R-Wert von 69 % zeigt die Korrelation zwischen der Nutzung von Plattformen als Dienste und dem

Informationsaustausch an. Er steht für eine starke Korrelation zwischen der Nutzung von Plattformen als Dienstleistung und dem Informationsaustausch. Der R2-Wert beträgt 0,481. Das bedeutet, dass 48 % der Veränderung des Informationsaustauschs durch die unabhängige Variable erklärt wird. Es zeigt, dass die Einführung von Plattformen als Dienste einen Beitrag von 48 % zu jeder Veränderung des Informationsaustauschleistet, während 0,52 % der Veränderung nicht durch das Modell erklärt werden.

Tabelle 4.21: ANOVA für die Akzeptanz von Platform as a Service und Informationsaustausch

		Summe der Quadrate	Df	Mittlere Platz	F	Sig. 000ᵇ
1	Regression	1527.244	1	1527.244	185.124	
	Restbetrag	1649.969	200	8.250		
	Insgesamt	3177.213	201			

a. Abhängige Variable: Gemeinsame Nutzung von Informationen
b. Prädiktoren: (Konstante), Annahme von Platform as a Service
Quelle: SPSS Window Output, 2019

Das Angemessenheitsmodell kann auch durch den Wert 185,124 (F-Quotient), bei p < 0,05, verdeutlicht werden. Dies bedeutet, dass es Anhaltspunkte dafür gibt, dass die Einführung von Plattformen als Dienstleistung in einem linearen Zusammenhang mit dem Informationsaustausch steht. Dies legt nahe, dass das Modell als geeignet angesehen wird und dass die Einführung von Plattformen einen wesentlichen Einfluss auf den Informationsaustausch hat.

Tabelle 4.21: Koeffizienten des Regressionsmodells für die Annahme von Platform as a Service und Informationsaustausch

Modell	B	Std. Fehler	Beta	T	Sig.
Konstante	1.204	.622		1.937	.054
PaaS	.530	.058	.355	9.171	.000

a. Abhängige Variable: Informationsaustausch.
Quelle: SPSS Output, 2019.

Das Modell veranschaulicht dies: Gemeinsame Nutzung von Informationen = -1,204+ 0,530 Einführung einer Plattform als Dienstleistung. Für eine gegebene Einheit der Einführung einer Plattform als Dienstleistung erhöht sich der Informationsaustausch um 0,530. Das Ergebnis zeigt, dass die Einführung der Plattform als Dienstleistung signifikant mit dem Informationsaustausch korreliert ist, basierend auf 1% (p = 0,01), während Beta und t-Wert der unabhängigen Variablen 0,355 bzw. 9,171 betragen. Dies bedeutet, dass die Einführung von Plattformen als Dienstleistung zu einem (positiven) Anstieg des Informationsaustauschs führt.

Entscheidung:

H₀6: Der Einsatz von Plattformen als Dienste hat keinen signifikanten Einfluss auf den Informationsaustausch, wird abgelehnt (p<0,05), und die Alternativhypothese, die besagt, dass der Einsatz von Plattformen als Dienste den Informationsaustausch signifikant beeinflusst, wird angenommen. Daher kann die Studie zu dem Schluss kommen, dass die Nutzung von Plattformen als Dienste einen signifikanten Einfluss auf den Informationsaustausch hat.

4.4.7 : Test der Hypothesen Sieben

H₀7: Die Einführung von Infrastruktur als Dienstleistung hat einen signifikanten Einfluss auf die Flexibilität der Logistikprozesse.

Tabelle 4.22 Regressionsmodell für die Annahme von Infrastructure as a Service und die Flexibilität der Logistikprozesse

Modell R	R-Quadrat	Quadratisch	R v die Standardfo ehler n Schätzung
1 .325ᵃ	.105	.101	3095

a. Prädiktoren: (Konstante), Infrastruktur als Service-Annahme
b. Abhängige Variable: Flexibilität der Logistikprozesse
Quelle: SPSS Output, 2019.

Die Summe der Flexibilität der Logistikprozesse wurde mit der Summe der Annahme von Infrastruktur als Dienstleistung regressiert. Der Wert von R beträgt 0,325. Der R-Wert von 32,5 % zeigt die Korrelation zwischen der Nutzung von Infrastruktur als Dienstleistung und der Flexibilität der Logistikprozesse. Es handelt sich um eine schwache Korrelation zwischen den beiden Variablen. Der R2-Wert beträgt 0,105. Das bedeutet, dass 10 % der Veränderung der Flexibilität der Logistikprozesse durch die unabhängige Variable erklärt wird. Es zeigt, dass die Einführung von Infrastruktur als Dienstleistung einen Beitrag von 10 % zu jeder Veränderung der Flexibilität der Logistikprozesse leistet, während 0,90 % der Veränderungen nicht erklärt werden.

Tabelle 4.23: ANOVA für die Annahme von Infrastructure as a Service und die Flexibilität der Logistikprozesse

		Summe der Quadrate	Df	Mittleres Quadrat	F	Sig.
1	Regression	226.299	1	226.279	23.627	000ᵇ
	Restbetrag	1915.621	200	9.578		
	Gesamt	2141.921	201			

a. Abhängige Variable: Flexibilität der Logistikprozesse
b. Prädiktoren: (Konstante), Annahme von Infrastructure as a Service
Quelle: SPSS Output, 2019.

Die Angemessenheit des Modells wird auch durch den Wert 23,627 (F-Quotient) bei $p < 0,05$

verdeutlicht. Dies bedeutet, dass es Anhaltspunkte dafür gibt, dass die Einführung von Infrastruktur als Dienstleistung in einem linearen Zusammenhang mit der Flexibilität der Logistikprozesse steht. Dies deutet darauf hin, dass das Modell geeignet ist und dass die Infrastruktur einen wesentlichen Einfluss hat.

Tabelle 4.24: Koeffizienten für die Annahme von Infrastructure as a Service und die Flexibilität der Logistikprozesse

Modell	Nicht standardisierte Koeffizienten		Standardisierte Koeffizienten	T	Sig.
	B	Std. Fehler	Beta		
Konstante	12.631	.929		13.601	.000
IaaS	.412	.085	.325	4.861	.000

a. Abhängige Variable: Flexibilität der Logistikprozesse

Quelle: SPSS Output, 2019.

Das Modell veranschaulicht dies: Informationsaustausch = 6,752 + 0,539 Einführung von Infrastruktur als Dienstleistung. Für eine gegebene Einheit der Einführung von Infrastruktur als Dienstleistung erhöht sich die Flexibilität der Logistikprozesse um 0,539. Das Ergebnis zeigt, dass der Einsatz von Infrastruktur als Dienstleistung signifikant mit der Flexibilität der Logistikprozesse korreliert ist, basierend auf 1% ($p = 0,01$), während Beta und t-Wert der unabhängigen Variablen 0,941 bzw. 39,255 betragen. Dies bedeutet, dass die Einführung von Infrastruktur als Dienstleistung zu einer (positiven) Erhöhung der Flexibilität der Logistikprozesse führt.

Entscheidung:

H_{07}: Der Einsatz von Infrastruktur als Dienstleistung hat keinen signifikanten Einfluss auf die Flexibilität des Logistikprozesses ($p<0,05$), und die Alternativhypothese, die besagt, dass der Einsatz von Infrastruktur als Dienstleistung die Flexibilität des Logistikprozesses signifikant beeinflusst, wird angenommen. Daher kann die Studie zu dem Schluss kommen, dass die Einführung von Infrastruktur als Dienstleistung einen signifikanten Einfluss auf die Flexibilität der Logistikprozesse hat.

4.4.8 : Test der Hypothesen Acht

H_{08}: Die Einführung von Infrastructure as a Service hat keinen signifikanten Einfluss auf die Auftragsabwicklung.

Tabelle 4.25: Regressionsmodell für die Einführung von Infrastructure as a Service und die Auftragsabwicklung

Modell	R	R-Quadrat	Quadratisch	R Standardfehler die Schätzung	von
1	.338 [a]	.114	.110	3.950	

a. Prädiktoren: (Konstante), Infrastrukturübernahme
b. Abhängige Variable: Auftragsabwicklung

Quelle: SPSS Output, 2019.

Die Summe der Auftragsabwicklung wurde mit der Summe der Einführung von Infrastruktur als Dienstleistung regressiert. Der Wert von R beträgt 0,338. Der R-Wert von 33,8 % zeigt die Korrelation zwischen der Nutzung von Infrastruktur als Dienstleistung und der Auftragsabwicklung. Es handelt sich um eine schwache Korrelation zwischen den beiden Variablen. Der R2-Wert beträgt 0,114. Das bedeutet, dass 11% der Veränderung der Auftragsabwicklung durch die unabhängige Variable erklärt wird. Es zeigt, dass die Einführung von Infrastructure as a Service einen Beitrag von 11 % zu jeder Veränderung beim Informationsaustausch leistet, während 0,89 % der Veränderung nicht erklärt werden.

Tabelle 4.26: ANOVA für die Einführung von Infrastructure as a Service und die Auftragsabwicklung

	Modell	Summe der Quadrate	Df	Mittleres Quadrat	F	Sig.
1	Regression	403.083	1	403.083	25.829	.000^b
	Residuum	3121.195	200	15.606		
	Insgesamt	2524.277	201			

a. Abhängige Variable: Auftragsabwicklung
b. Prädiktoren: (Konstante), Annahme von Infrastructure as a Service

Quelle: SPSS Output, 2019.

Die Angemessenheit des Modells kann auch durch den Wert 25,829 (F-Quotient) bei $p < 0,05$ verdeutlicht werden. Dies bedeutet, dass es Anhaltspunkte dafür gibt, dass die Einführung von Infrastruktur als Dienstleistung in einem linearen Zusammenhang mit der Auftragsabwicklung steht. Daraus ergibt sich, dass das Modell als geeignet angesehen wird und dass die Einführung von Infrastruktur als Dienstleistung einen wesentlichen Einfluss auf die Auftragsabwicklung hat.

Tabelle 4.27: Koeffizienten für die Annahme von Infrastructure as a Service und die Auftragsabwicklung.

Modell	B	Std. Fehler	Standardisierte Koeffizienten Beta	T	Sig.
Konstante	9.975	.1.185		8.415	.000
IaaS	.550	.108	.338	5.082	.000

a. Abhängige Variable: Auftragsabwicklung

Quelle: SPSS Output, 2019.

Das Modell veranschaulicht, dass: Auftragsabwicklung = 9,975 + 0,550 Einführung von Infrastruktur als Dienstleistung. Für eine gegebene Einheit der Einführung von Infrastruktur als Dienstleistung wird die Auftragserfüllung um 0,550 erhöht. Das Ergebnis zeigt, dass die Einführung von Infrastruktur als Dienstleistung signifikant mit der Auftragserfüllung auf der Basis eines Signifikanzniveaus von 1 % ($p = 0,01$) korreliert ist, während die Beta- und t-Wert der unabhängigen Variablen 0,941 bzw. 39,255 beträgt. Dies bedeutet, dass die Einführung von Infrastruktur als Dienstleistung zu einem (positiven) Anstieg der Auftragserfüllung führt.

Entscheidung:

H₀8: Der Einsatz von Infrastruktur als Dienstleistung hat keinen signifikanten Einfluss auf die Auftragsabwicklung, wird abgelehnt (p<0,05), und die alternative Hypothese, die besagt, dass der Einsatz von Infrastruktur als Dienstleistung einen signifikanten Einfluss auf die Auftragsabwicklung hat, wird akzeptiert. Daher kann die Studie zu dem Schluss kommen, dass der Einsatz von Infrastruktur als Dienstleistung die Auftragsabwicklung signifikant beeinflusst.

4.4.9 : Test der Hypothesen Neun

H₀9: Die Einführung von Infrastruktur beeinflusst den Informationsaustausch signifikant.

Tabelle 4.28: Regressionsmodell für die Annahme von Infrastructure as a Service und Informationsaustausch

Modell R	R-Quadrat	Quadratisch	R std Fehler v die Schätzung on
1 .442 ᵃ	.195	.191	3.576

a. Prädiktoren: (Konstante), Infrastruktur als Service-Annahme
b. Abhängige Variable: Gemeinsame Nutzung von Informationen

Quelle: SPSS Output, 2019.

Die Summe des Informationsaustauschs wurde mit der Summe der Einführung von Infrastruktur als Dienstleistung regressiert. Der Wert von R beträgt 0,442. Der R-Wert von 44,2 % zeigt die Korrelation zwischen der Nutzung von Infrastruktur als Dienstleistung und der gemeinsamen Nutzung von Informationen. Es handelt sich um eine moderate Korrelation zwischen den beiden Variablen. Der R2-Wert beträgt 0,195. 19 % der Variation bei der gemeinsamen Nutzung von Informationen wird durch die unabhängige Variable aufgeklärt. Dies zeigt, dass die Einführung von Infrastruktur als Dienstleistung einen Beitrag von 19 % zu jeder Veränderung des Informationsaustauschs leistet, während 0,81 % der Veränderung nicht erklärt werden.

Tabelle 4.29: ANOVA für die Annahme von Infrastructure as a Service und Informationsaustausch

	Modell	Summe der Quadrate	Df	Mittleres Quadrat	F	Sig.
1	Regression	620.088	1	620,055	48.499	000ᵇ
	Residuum	2557.125	200	12.786		
	Insgesamt	3177.213	202			

a. Abhängige Variable: Gemeinsame Nutzung von Informationen
b. Prädiktoren: (Konstante), Annahme von Infrastruktur als Dienstleistung

Quelle: SPSS Output, 2019.

Die Angemessenheit des Modells kann auch durch den Wert 48,499 (F-Quotient) verdeutlicht werden, der bei p < 0.05. Dies bedeutet, dass es Anhaltspunkte dafür gibt, dass die Einführung von Infrastruktur als Dienstleistung in einem linearen Zusammenhang mit dem Informationsaustausch steht. Daraus ergibt sich, dass das Modell geeignet ist und dass die Einführung von Infrastruktur als Dienstleistung einen wesentlichen Einfluss auf den Informationsaustausch hat.

Tabelle 4.30: Koeffizienten für die Annahme von Infrastruktur als Dienstleistung und Informationsaustausch

Modell	Nicht standardisierte		Standardisierte Koeffizienten		
	B	Std. Fehler	Beta	T	Sig.
Konstante	12.631	.929		13.601	.000
IaaS	.412	.085	.325	4.861	.000

a. Abhängige Variable: Informationsaustausch

Quelle: SPSS Output, 2019.

Das Modell veranschaulicht dies: Informationsaustausch = 12,631 + 0,412 Einführung von Infrastruktur als Dienstleistung. Für eine gegebene Einheit der Einführung von Infrastruktur als Dienstleistung wird der Informationsaustausch um 0,412 erhöht. Das Ergebnis zeigt, dass der Einsatz von Infrastruktur als Dienstleistung signifikant mit dem Informationsaustausch korreliert ist, basierend auf einem Signifikanzniveau von 1% (p = 0,01), während der Beta- und t-Wert der unabhängigen Variablen 0,412 bzw. 4,861 beträgt. Dies bedeutet, dass die Einführung von Infrastruktur als Dienstleistung zu einem (positiven) Anstieg des Informationsaustauschs führt.

Entscheidung:

H_{o9}: Der Einsatz von Infrastruktur als Dienstleistung hat keinen signifikanten Einfluss auf den Informationsaustausch, wird abgelehnt (p<0,05), und die alternative Hypothese, die besagt, dass der Einsatz von Infrastruktur als Dienstleistung einen signifikanten Einfluss auf den Informationsaustausch hat, wird akzeptiert. Daher kann die Studie zu dem Schluss kommen, dass die Nutzung von Infrastruktur als Dienstleistung den Informationsaustausch signifikant beeinflusst.

4.4.10 Interorganisationales Vertrauen, das die Beziehung zwischen der Einführung von Cloud Computing-Diensten und der Leistung der Lieferkette moderiert

Test der Hypothese 10

Zuvor wurden die Messgrößen für die Leistung der Lieferkette wie folgt definiert: Flexibilität der Logistikprozesse, Auftragsabwicklung und Informationsaustausch. Jede dieser abhängigen Variablen wird mit den drei Variablen für die Einführung von Cloud Computing-Diensten (SaaS, PaaS und IaaS), dem interorganisationalen Vertrauen (IOT) und der Interaktionsvariable (CCSA*SCP) regressiert, und die Ergebnisse sind in den Tabellen 4.31, 4.32 und 4.33 dargestellt.

Entscheidungsregel:

Lehnt H$_{o10}$ ab, wenn der p-Wert für den Interaktionsterm kleiner als 0,05 ist. Andernfalls verwerfen Sie nicht
Ho10.

Tabelle 4.31: Interorganisationales Vertrauen, das den Einfluss der Einführung von Cloud Computing-Diensten auf die Flexibilität von Logistikprozessen moderiert (n=202)

A	B	C
Variabel	Beta-Koeffizient	p-Wert
Konstante	-673.376	.000
SaaS	.956	.000
PaaS	.766	.000
IaaS	.225	.000
IOT	.941	.000
CCSA*SCP	.935	.000
R-Quadrat .4431	Adj. R-Quadrat4 ,429	Prob(F-Statistik) .0000

Quelle: SPSS Output, 2019.

Der Logarithmus der Flexibilität des Logistikprozesses als lineare Funktion der Software, der Plattform, der Infrastruktur, des interorganisatorischen Vertrauens und der Interaktionsvariablen (CCSA*SCP), die das Produkt aus den Dimensionen der Cloud Computing Service Adoption (SaaS, PaaS und IaaS) und dem interorganisatorischen Vertrauen darstellt.
Die F-Statistik ist mit einer Wahrscheinlichkeit von fast Null verbunden, was zeigt, dass das Modell der Flexibilität des Logistikprozesses sehr signifikant ist. Das bereinigte R-Quadrat beträgt 4,431, was zeigt, dass das Modell eine mäßige Angemessenheit aufweist und etwa 44 % der Variation der Flexibilität des Logistikprozesses erklärt. Die verbleibenden 56 % werden durch Faktoren erklärt, die in dem Modell nicht berücksichtigt wurden.
Außerdem haben die geschätzten Koeffizienten unterschiedliche Vorzeichen, wobei SaaS (= 0,956), PaaS (= 0,766), IaaS (= 0,325) und IOT (= 0,941) mit positiven Vorzeichen verbunden sind. Der Interaktionsterm (= 0,935) ist mit einem positiven Koeffizienten verbunden. Alle Variablen sind mit Nullwahrscheinlichkeiten verbunden. Dies zeigt, dass die Haupteffekte von Software als Service, Plattform als Service und Infrastruktur & Service durch interorganisationales Vertrauen auf 1 %-Niveau signifikant sind. Somit moderiert interorganisationales Vertrauen die Beziehungen.

Tabelle 4.32: Interorganisationales Vertrauen, das die Annahme von Dienstleistungen bei der Auftragsabwicklung moderiert (n=202)

A	B	C
Variabel	Beta-Koeffizient	p-Wert
Konstante	5388.52	.000
SW	.962	.000
PF	.755	.000
IF	.338	.000
IOT	.965	.000
CCSA*SCP	.937	.000
R-Quadrat .3448	Adj. R-Quadrat3 ,389	Prob(F-Statistik) .0000

Quelle: SPSS Output, 2019.

Der Logarithmus der Auftragserfüllung als lineare Funktion von Software, Plattform, Infrastruktur, interorganisationalem Vertrauen und der Interaktionsvariablen (CCSA*SCP), die das Produkt aus den Dimensionen der Cloud Computing Service Adoption (SaaS, PaaS und IaaS) und dem interorganisationalen Vertrauen ist. Die F-Statistik ist mit einer Wahrscheinlichkeit von fast Null verbunden, was zeigt, dass das geschätzte Modell der Auftragsabwicklung insgesamt sehr signifikant ist. Das bereinigte R-Quadrat beträgt 3,448, was zeigt, dass das geschätzte Modell eine mäßige Angemessenheit aufweist und etwa 34 % der Gesamtvariation der Auftragsabwicklung erklärt. Die im Modell nicht berücksichtigten Faktoren erklären zusammen sogar 66 %.

Außerdem haben die geschätzten Koeffizienten unterschiedliche Vorzeichen, wobei SaaS (= 0,962), PaaS (= 0,755), IaaS (= 0,338) und IOT (= 0,959) mit positiven Vorzeichen verbunden sind. Der Interaktionsterm (= 0,937) ist mit einem positiven Koeffizienten verbunden. Alle Variablen sind mit Nullwahrscheinlichkeiten verknüpft. Dies zeigt, dass die Haupteffekte von Software als Service, Plattform als Service und Infrastruktur als Service durch interorganisationales Vertrauen auf 1 %-Niveau signifikant sind. Somit moderiert interorganisationales Vertrauen die Beziehungen.

Tabelle 4.33: Interorganisationales Vertrauen, das den Einfluss der Dienstleistung auf den Informationsaustausch moderiert (n=202)

A	B	C
Variabel	Beta-Koeffizient	p-Wert
Konstante	30.406	.000
SaaS	.911	.000
PaaS	.692	.000
IaaS	.442	.000
IOT	.959	.000
CCSA*SCP	.878	.000
R-Quadrat .2184	Adj. R-Quadrat2172	Prob(F-Statistik) .0000

Quelle: SPSS Output, 2019.

Der Logarithmus des Informationsaustauschs als lineare Funktion von Software, Plattform, Infrastruktur, interorganisationalem Vertrauen und der Interaktionsvariablen (CCSA*SCP), die das Produkt aus den Dimensionen der Cloud Computing Service Adoption (SaaS, PaaS und IaaS) und interorganisationalem Vertrauen ist.

Die F-Statistik ist mit einer Wahrscheinlichkeit von fast Null verbunden, was zeigt, dass das geschätzte Rentabilitätsmodell insgesamt sehr signifikant ist. Das bereinigte R-Quadrat beträgt 0,3876 und zeigt, dass das geschätzte Modell eine mäßige Angemessenheit aufweist; das Modell erklärt fast 39 % der Gesamtschwankungen der Rentabilität. Die verbleibenden 61 % sind auf Faktoren zurückzuführen, die im Modell nicht berücksichtigt wurden.

Die geschätzten Koeffizienten haben unterschiedliche Vorzeichen, wobei SaaS (= 0,911), PaaS (= 0,692), IaaS (= 0,442) und IOT (= 0,959) mit positiven Vorzeichen verbunden sind.

Der Interaktionsterm (= 0,923) ist mit einem positiven Koeffizienten verbunden. Alle Variablen für die Einführung von Cloud Computing-Diensten sind mit geringen Wahrscheinlichkeiten verbunden, was darauf hindeutet, dass ihre individuellen Auswirkungen auf die Rentabilität alle signifikant sind. Der Koeffizient für IOT ist mit hoher Wahrscheinlichkeit verknüpft (p-Wert = 0,959), was darauf hindeutet, dass der Haupteffekt des interorganisatorischen Vertrauens statistisch signifikant ist. Der Interaktionsterm (CCSA*SCP) ist mit einer Wahrscheinlichkeit von Null verbunden, was darauf hindeutet, dass interorganisationales Vertrauen eine positive und sehr signifikante moderierende Wirkung auf die Einführung von Cloud Computing-Diensten und den Informationsaustausch hat.

Diese Ergebnisse zeigen, dass die Flexibilität des Logistikprozesses die Modelle der Auftragserfüllung und des Informationsaustauschs übertrifft. Das bereinigte R-Quadrat für das Logistikprozessmodell beträgt 0,4431 bzw. 44 %, für die Modelle der Auftragserfüllung und des Informationsaustauschs 0,3448 bzw. 0,2184. Daher wurde Hypothese zehn auf der Grundlage des geschätzten Modells der Logistikprozessflexibilität ausgeführt.

Der zugehörige p-Wert der t-Statistik für den Interaktionsterm (CCSA*SCP) liegt bei 0,0000 und damit unter 0,05. Es besteht ein starker und signifikanter Einfluss der Einführung von Cloud Computing-Diensten auf die Leistung der Lieferkette (r = 0,970, pv 0,000< 0,05), aber wenn das interorganisationale Vertrauen konstant gehalten/kontrolliert wird, wird der Einfluss geringer (r = 0,529, pv 0,00<0,05). Dies zeigt, dass interorganisationales Vertrauen den Einfluss der Einführung von Cloud Computing-Diensten mäßigt. Dies bedeutet, dass sich das Vertrauen zwischen den Partnern der Lieferkette positiv auf die Einführung von Cloud Computing-Diensten auswirkt, wenn das Vertrauen zwischen den Unternehmen gewahrt ist.

4.5 Multikollinearität Test

Eine Situation mit paarweisen Korrelationen ermöglicht die Offenlegung einer geraden Linie, die gegen Null geht, und VIF-Werte, die 10 überschreiten, sind ein wesentliches Zeichen für Multikollinearität. Diese Entscheidungsregel ermöglicht es der Studie, die Abwesenheit von Gefahren zwischen den Dimensionen der unabhängigen Variablen festzustellen.

Tabelle 4.34: Multikollinearitätstest (n=202)

Modell Dimension Eigenwert	Unstandardisierte Kollinearitätsstatistiken Koeffizient Koeffizient BedingungB

Index								
Constant	.065	Std error	Beta	T	Sig		Tolerance	VIF
29.294 2.643		0.17	-	2.197	0.000		-	-
Software as a Service 11.444 .900	.015	.022	.946	,945	0.000		1.000	1.000
Platform as a Service 9.439 1.103	.022	.059	.800	18.840	0.000		1.000	1.000
Infrastructure as a Service 8.411 0.640	.028	.089	.452	7.171	0.000		1.000	1.000

Quelle: SPSS Output, 2019.

4.6 Test des Modells Utility

Die Brauchbarkeit des gesamten Modells wurde vor der Prüfung der einzelnen Hypothesen auf ihre Signifikanzniveaus getestet. Die Tauglichkeit des Modells kann durch den F-Quotienten (1145,195) erklärt werden, der bei p < 0,05 sehr signifikant ist. Dies bedeutet, dass es gerechtfertigt ist, die Annahme zu extrapolieren, dass die Einführung von Cloud Computing-Diensten zwingend erforderlich ist. Die Studie kommt zu dem Schluss, dass das Regressionsmodell geeignet ist, die Variablen signifikant vorherzusagen. Das bedeutet, dass mindestens eine der unabhängigen Variablen keinen Nullkoeffizienten hat. Daraus lässt sich schließen, dass das Modell angemessen ist und dass die Einführung von Cloud Computing-Diensten einen wesentlichen Einfluss hat.

Tabelle 4.35: F-Quotient-Test

	Modell	Summe der Quadrate	Df	Mittleres Quadrat	F	Sig.
1	Regression	2527.278	3	842.426	1145.195	000[b]
	Residuum	145.652	198	736		
	Insgesamt	2672.931	201			

a. Abhängige Variable: Leistung der Lieferkette
b. Prädiktoren: (Konstante), Cloud Computing Service Adoption.

Quelle: SPSS Output, 2019.

Tabelle 4.36: Kombinierte Wirkung der unabhängigen Variablen auf die Leistung der Lieferkette (n=202)

Modell	Eingegebene Variablen	R	R2	Bereinigtes R2	Standardfehler der Schätzung
1	a) alle Prädiktorvariablen b) SupplyChain Leistung	0.972	0.946	.0.945	0.858

2	a) alle Prädiktorvariablen b) Logistik-Prozess Flexibilität	0.967	0.934	0.933	0.843
3	a) alle Prädiktorvariablen b) Auftragsabwicklung	0.969	0.939	0.938	1.039
4	a) alle Prädiktorvariablen b) Informationen Teilen	0.926	0.958	0.856	1.511

Quelle: SPSS Output, 2019.

Die Prädiktorvariablen erklärten etwa 94,6 % der Verhaltensänderungen bei der Lieferkettenleistung; Modell 2 ($R2 = 0{,}934$, $P<0{,}01$) zeigt, dass die Prädiktorvariablen etwa 93,4 % der Verhaltensänderungen bei der Flexibilität der Logistikprozesse erklärten; Modell 3 ($R2 = 0.939$, $P<001$) zeigt, dass die Prädiktorvariablen etwa 93,4 % der Veränderungen bei der Auftragsabwicklung erklärten; und Modell 4 ($R2 = 0{,}958$, $P<0{,}01$) zeigt, dass 95,8 % der Informationsweitergabe und unterschiedliche Grade der Beziehungen zwischen der Leistung der Lieferkette, der Flexibilität des Logistikprozesses, der Auftragsabwicklung und der Informationsweitergabe erklärt wurden.

KAPITEL 5 ERÖRTERUNG DER ERGEBNISSE

5.1: Erörterungen der Ergebnisse

In dieser Studie wurde die Auswirkung der Dimensionen der Cloud-Computing-Dienstnutzung auf die Leistungskennzahlen der Lieferkette (Flexibilität der Logistikprozesse, Auftragsabwicklung und Informationsaustausch) untersucht. Der Einfluss der Einführung von Cloud Computing-Diensten auf die Leistung der Lieferkette wurde durch eine multiple Regressionsanalyse getestet, und es wurde bestätigt, dass die Einführung von Cloud Computing-Diensten die Leistung der Lieferkette beeinflusst. Die Ergebnisse werden in den folgenden Unterabschnitten näher erläutert:

5.1: Beziehung zwischen der Einführung von Software as a Service und der Flexibilität der Logistikprozesse, der Auftragsabwicklung und der gemeinsamen Nutzung von Informationen

Grundsätzlich ist die Einführung von Software als Dienstleistung ein Faktor oder eine Determinante, die die Leistungskennzahlen der Lieferkette (Flexibilität der Logistikprozesse, Auftragsabwicklung und Informationsaustausch) beeinflusst. Dementsprechend bestätigten die Ergebnisse zu Software als Dienstleistung und Flexibilität der Logistikprozesse die alternative Hypothese, dass Software als Dienstleistung die Flexibilität der Logistikprozesse signifikant beeinflusst. Die Studie befasste sich mit Fragen zur Nutzung von Software als Dienstleistung wie E-Mail (Gmail), Raw Stage (Dropbox) und Raw Company (z. B. Amazon E-C2) zur Erzielung einer günstigen Lieferkettenleistung in Unternehmen. Die Erzielung von Wettbewerbsvorteilen wird anhand der Leistung der Lieferkette, z. B. der Flexibilität der Logistikprozesse, beurteilt. Software-as-a-Service ist tief in der Fertigung verwurzelt, wo das Produktdesign in einem Cloud-Computing-Dienst verdichtet und entsprechend gehandhabt werden kann. Unsere Ergebnisse zeigen, dass sich die Einführung von Software as a Service positiv auf die Flexibilität der Logistikprozesse auswirkt. Unsere Ergebnisse unterstützen die Behauptung von Kung et al. (2015), dass bei den Bestrebungen eines Unternehmens zur Einführung von Software als Dienstleistung ein wechselseitiger Effekt besteht.

Die Studie zeigt außerdem, dass Software als Dienstleistung die Auftragsabwicklung signifikant beeinflusst, d.h. je mehr Software als Dienstleistung eingeführt wird, desto mehr Aufträge werden von den Unternehmen abgewickelt. Dies deutet darauf hin, dass die Einführung von Software als Dienstleistung eine wichtige Determinante für die Auftragsabwicklung ist. Es ist nicht verwunderlich, dass verschiedene Studien in diesem Bereich wie (Chen et al., 2016; Lal & Bharadwaj, 2016; Wu. 2011; Mell & Grance, 2011) alle einen Zusammenhang zwischen Software als Dienstleistung und der Leistung der Lieferkette festgestellt haben.

Außerdem deutet der signifikante Einfluss der Einführung von Software als Dienstleistung auf den Informationsaustausch darauf hin, dass mit der zunehmenden Einführung von Software als Dienstleistung auch der Informationsaustausch zunimmt. Dies deutet darauf hin, dass Software als Dienstleistung als Technologiequelle für Mineralölvertriebsunternehmen von großem Nutzen ist, und es ist kein Wunder, dass sie sich weiterhin bemühen, ihre Einführung zu unterstützen. Der signifikante Einfluss, der durch die verschiedenen statistischen Tests festgestellt wurde, bestätigt auch die Bedeutung von Software als Dienstleistung für den Informationsaustausch der Mineralölvertriebsunternehmen. Die Ergebnisse bestätigen die Ergebnisse von Cao et al. (2017) über den Zusammenhang zwischen Cloud Computing und Informationsaustausch.

5.1.2 : Beziehung zwischen der Einführung von Platform as a Service und der Flexibilität von Logistikprozessen, Auftragsabwicklung und Informationsaustausch

Die statistische Analyse ergab, dass die Plattform als Dienstleistung einen starken, signifikanten und positiven Einfluss auf die Flexibilität der Logistikprozesse hat. Aus unseren Ergebnissen lässt sich schließen, dass die Einführung der Plattform als Dienstleistung durch das Mineralölvertriebsunternehmen ansprechend ist, so dass das Ergebnis zur Flexibilität der Logistikprozesse wie erwartet ausfiel. Unsere Ergebnisse stehen im Einklang mit Battleson et al. (2016), die aufzeigten, dass Unternehmen schnell auf technologische Innovationen reagieren, indem sie diese annehmen.

Mit der fünften Hypothese sollte der Einfluss der Plattform als Dienstleistung auf die Auftragsabwicklung ermittelt werden. Platform as a Service hat einen starken und positiven Einfluss auf die Auftragsabwicklung. Unternehmen, die ihre Lagerbestände verringern, werden eine höhere Effizienz bei der Erfüllung von Kundenaufträgen erfahren, wenn sie sich auf die Cloud verlassen, da die Plattform als Dienstleistung die Leistung der Lieferkette verbessern kann. Unternehmen, deren Auftragserfüllung effektiv abgewickelt wird, haben eine höhere Leistung.

Die sechste Hypothese ergab einen starken Einfluss der Plattform als Service auf den Informationsaustausch, was auf die bedeutende Rolle der Plattform als Service bei der Verbesserung des Informationsaustauschs in Lieferketten hinweist. Dies bestätigt die Behauptung von Cao et al. (2017), dass die Technologie einen Einfluss auf den Bereich der Information und Kommunikation hat, und dass dieser Effekt weit verbreitet ist.

5.1.3 : Beziehung zwischen der Einführung von Infrastructure as a Service und der Flexibilität von Logistikprozessen, Auftragsabwicklung und Informationsaustausch

Die siebte und die achte Hypothese zielten darauf ab, den Einfluss der Einführung von Infrastruktur als Dienstleistung auf die Flexibilität der logistischen Prozesse bzw. die Auftragsabwicklung zu bestimmen, und es zeigte sich, dass der Einfluss der Infrastruktur auf die Flexibilität der logistischen Prozesse und die Auftragsabwicklung schwach, aber signifikant und positiv ist. Die Alternativhypothesen wurden bestätigt. Dies zeigt deutlich, dass die Infrastruktur als Dienstleistung für die Manager nach wie vor nützlich ist. Bei der neunten Hypothese wurde jedoch ein mäßiger Einfluss der Einführung von Infrastruktur als Dienstleistung auf den Informationsaustausch festgestellt. Diese Ergebnisse sind darauf zurückzuführen, dass es sich bei "Infrastructure as a Service" noch um eine neue Technologie handelt, die noch in den Kinderschuhen steckt. Die meisten Unternehmen haben es nicht eilig, sie einzuführen. Dies bestätigt die Behauptung von Abollahzadhegan et al. (2013), dass die meisten Unternehmen es trotz des verherrlichten Zustands dieser Technologie nicht eilig haben, sie zu übernehmen.

Die Studie ergab, dass die unabhängige Variable die abhängige Variable beeinflusst, was frühere Arbeiten unterstützt (Chen et al., 2016; Lal & Bharadwaj, 2016; Wu. 2011; Mell & Grance, 2011).

Die in dieser Studie analysierten Ergebnisse zeigen, dass die Einführung von Cloud-Computing-Diensten durch Einzelhandelsunternehmen im Mineralölhandel die Leistung der Lieferkette beeinflusst.

Chen et al. (2015) ursprüngliche drei Dimensionen von Cloud-Computing-Diensten wurden jedoch in dieser Studie repliziert, und alle drei Dimensionen (SaaS, PaaS und IaaS) erwiesen sich in unserer Untersuchung als gültig und unterstützen einige der früheren Studien, die darauf hindeuten, dass die Einführung von Cloud-Computing-Diensten die Leistung der Lieferkette beeinflusst (Lal & Bharadwaj, 2016; Wu, 2011; Mell & Grance, 2011). Die Regressionsanalyse der Dimensionen der Einführung von Cloud Computing-Diensten und der Leistung der Lieferkette ergab, dass das Modell mit drei Attributen die Leistung der Lieferkette von Einzelhandelsunternehmen im Mineralölhandel über die drei Metriken (Flexibilität der Logistikprozesse, Auftragsabwicklung und Informationsaustausch) statistisch signifikant erklärt.) Alle drei Attribute des Einsatzes von Cloud Computing-Diensten leisteten statistisch signifikante Beiträge zur Vorhersage des Verhaltens der Lieferkettenleistung. Software als Service stand bei der Beeinflussung der Lieferkettenmetriken an erster Stelle. Dahinter folgen Plattform als Service und Infrastruktur als Service. Diese Ergebnisse waren über die drei Metriken der Lieferkettenleistung hinweg recht stabil, da kein unbedeutender Einfluss festgestellt wurde.

5.1.4 : Die moderierende Rolle von interorganisationalem Vertrauen auf die Beziehung zwischen Cloud Computing Service Adoption und Supply Chain Performance

Unsere Ergebnisse zeigen, dass interorganisationales Vertrauen die Beziehung zwischen der Einführung von Cloud Computing-Diensten und der Leistung der Lieferkette moderiert. Goel (2015) behauptet, dass Mitglieder sich nicht auf eine Organisation verlassen, der sie nicht vertrauen können. Dies bedeutet, dass die Mitglieder einer Lieferkette ein angemessenes Vertrauen in Unternehmen haben, die Informationen sicher durch Technologie übertragen. Außerdem wird das Vertrauen zwischen den Mitgliedern der Lieferkette, wie von Cao et al. (2017) festgestellt, dazu beitragen, die Sicherheitsprobleme innerhalb der Lieferketten bei der Übertragung von Informationen über die Nutzung von Cloud-Computing-Diensten zu verbessern. Die Ergebnisse deuten darauf hin, dass die Annahme von Cloud Computing-Diensten die moderierende Stärkung des interorganisationalen Vertrauens erfordert, um eine tragfähige Partnerschaft aufrechtzuerhalten. Somit kann die Rolle des Vertrauens innerhalb der Lieferkette ein akzeptables organisatorisches Ergebnis vorhersagen, wie z. B. die Einführung von Cloud Computing-Diensten, die die Leistung der Lieferkette der Unternehmen verbessern.

KAPITEL 6
ZUSAMMENFASSUNG DER SCHLUSSFOLGERUNGEN UND EMPFEHLUNGEN VON FINDINDS

6.1 : Zusammenfassung der Befunde

In der Studie wurden die Daten von 55 Einzelhandelsunternehmen im Bundesstaat Rivers, die Cloud Computing in ihrem Unternehmen einsetzen, ausgewertet. Die Ergebnisse der Analyse zeigten die folgenden Erkenntnisse:

(1). Software als Dienstleistung wird im Bundesstaat Rivers vor allem von Einzelhandelsunternehmen für Erdöl genutzt. Dahinter folgen Plattform als Dienstleistung und Infrastruktur als Dienstleistung.
(3). Die Einführung von Software as a Service hat einen sehr starken, signifikanten und positiven Einfluss auf die Flexibilität der Logistikprozesse, die Auftragsabwicklung und den Informationsaustausch.
(4). Die Einführung von Platform as a Service hat einen starken, signifikanten und positiven Einfluss auf die Flexibilität der Logistikprozesse, die Auftragsabwicklung und den Informationsaustausch.
(5). Infrastruktur als Dienstleistung hat einen schwachen, signifikanten und positiven Einfluss auf die Flexibilität der Logistikprozesse und die Auftragsabwicklung, aber einen moderaten, signifikanten und positiven Einfluss auf den Informationsaustausch.
(6). Interorganisationales Vertrauen moderiert die Beziehung zwischen der Einführung von Cloud Computing-Diensten und der Leistung der Lieferkette.

6.2 : Schlussfolgerung

Diese Studie untersuchte die Einführung von Cloud-Computing-Diensten und die Leistung der Lieferkette von Einzelhandelsunternehmen im Bundesstaat Rivers. Daher wurde der Zusammenhang zwischen den Variablen Software-as-a-Service (SaaS), Plattform-as-a-Service (PaaS) und Infrastruktur-as-a-Service (IaaS) auf die Leistung der Lieferkette (Flexibilität der Logistikprozesse, Auftragsabwicklung und Informationsaustausch) untersucht. In der Studie wurde auch das Vertrauen zwischen den Organisationen berücksichtigt, um seine moderierende Rolle auf die Beziehung zwischen der Nutzung von Cloud Computing-Diensten und der Leistung der Lieferkette zu ermitteln.

Bei der Untersuchung wurden Modelle und Theorien (TOE, TAM, DIT und SCT) für die Interpretation der Ergebnisse verwendet. Diese Modelle und Theorien wurden als solides Paradigma für das Verständnis dafür angesehen, wie die Lieferkette die Einführung von Cloud Computing-Diensten erreichen kann, und trugen zur Verbesserung der Validität der Studie bei.

Diese Studie zeigt deutlich, dass die Einführung von Cloud-Computing-Diensten die Gesamteffizienz in der Lieferkette steigert und Mineralölvertriebsunternehmen mit Computern als Treiber für optimale Effizienz verbindet. Darüber hinaus wurde in der Studie ein Modell mittels multipler Regressionsanalyse projiziert, und die in der Studie aufgestellten Eckpfeilerhypothesen wurden in hohem Maße durch die Ergebnisse der Studie bestätigt. Es wurden also signifikante Ergebnisse berichtet. Darüber hinaus zeigen unsere Ergebnisse zum interorganisationalen Vertrauen als Moderator der Beziehung zwischen der Einführung von Cloud Computing-Diensten und der Leistung der Lieferkette ein starkes und signifikantes Ergebnis. Folglich ist es zwingend erforderlich festzustellen, dass Software als Service, Plattform als Service und Infrastruktur als Service das Potenzial haben, die Flexibilität der Logistikprozesse, die Auftragsabwicklung und den Informationsaustausch zu verbessern, was die Leistung der Lieferkette erheblich beeinflusst. Die Studie kommt daher zu dem Schluss, dass die Einführung von Cloud Computing-Diensten die Leistung der Lieferkette von Mineralölvertriebsunternehmen im Bundesstaat Rivers erheblich beeinflusst.

6.3 : Auswirkungen auf das Management

Erstens wird das Management von Einzelhandelsunternehmen, die Mineralölprodukte vertreiben, dazu veranlasst, sich auf die Einführung von Cloud Computing zu konzentrieren, um die Leistung der Lieferkette, gemessen an der Flexibilität der Logistikprozesse, der Auftragsabwicklung und dem Informationsaustausch, zu verbessern.

Zweitens werden Manager immens profitieren, wenn sie den Schwerpunkt auf die Einführung von Software als Dienstleistung legen, die einen höheren Einfluss auf die Leistung der Lieferkette hat, um die Effizienz in der Flexibilität der Logistikprozesse, der Auftragsabwicklung und dem Informationsaustausch zu steigern.

Darüber hinaus wurde in der Studie ein schwacher, signifikanter und positiver Einfluss von Infrastructure as a Service auf die Flexibilität der Logistikprozesse und die Auftragsabwicklung festgestellt, der dennoch nützlich ist und für die Entscheidungsfindung im Hinblick auf eine effiziente Lieferkettenleistung herangezogen werden könnte.

6.4 : Theoretische Implikation

Diese Studie befasst sich mit der Anwendung von TOE, TAM, DIT und SCT in nigerianischen Einzelhandelsunternehmen für Erdöl. Dies trägt zur Institutionalisierung der TOE-, TAM-, DIT- und SCT-Theorie in der Forschung zum digitalen Lieferkettenmanagement bei, da die Studie ein Verständnis für die Einführung von Cloud Computing-Diensten und die Leistung der Lieferkette in nigerianischen Einzelhandelsunternehmen im Erdölhandel liefert.

6.5 : Praktische Auswirkung

Eine wichtige Schlussfolgerung ist, dass die Einführung von Cloud-Computing-Diensten ein starkes und wirksames Instrument für das Lieferkettenmanagement sein kann, das Lieferkettenmanager nutzen können, um sicherzustellen, dass ihre Lieferkette in einem wettbewerbsintensiven Umfeld gut funktioniert. Die Anwendung der in der Studie entwickelten Skala für die Akzeptanz von Cloud Computing-Diensten würde es den Managern der Lieferkette ermöglichen, die Flexibilität der Logistikprozesse sowie die Auftragserfüllung und den Informationsaustausch zu verbessern.

Darüber hinaus ermöglicht die Verknüpfung von Cloud-Computing-Diensten und der Leistung der Lieferkette den Managern, die Flexibilität der Logistikprozesse, die Auftragsabwicklung und den Informationsaustausch in ihren Unternehmen zu diagnostizieren und so die erforderlichen Pläne zur Verbesserung der Leistung der Lieferkette zu erstellen.

6.6 : Beiträge zu Wissen

Eine formale Untersuchung der Einführung von Cloud Computing-Diensten und der Leistung der Lieferkette hat einige theoretische Beiträge zum Wissen geliefert. In dieser Untersuchung wurde ein CCSA- und SCP-Rahmen entwickelt, der sich aus Software als Service, Plattform als Service, Infrastruktur als Service, Flexibilität der logistischen Prozesse, Auftragsabwicklung und Informationsaustausch zusammensetzt, indem TOE, TAM, DIT und SCT auf die Variablen angewendet wurden. Dieser Rahmen stärkt die Etablierung von TOE, TAM, DIT und SCT als leistungsfähiges Paradigma zur Erklärung der Einführung von Cloud Computing-Diensten und des Phänomens der Lieferkettenleistung, indem diese Komponenten auf Unternehmensebene unter Verwendung von TOE, TAM, DIT und SCT untersucht werden.

Die Studie untersuchte wissenschaftlich das Phänomen der Einführung von Cloud Computing-Diensten und der Leistung der Lieferkette und entwickelte ein völlig neues Modell, das sich von den bisher bekannten Modellen unterscheidet und die Dimensionen der Einführung von Cloud Computing-Diensten (Software as a Service, Platform as a Service und Infrastructure as a Service) und die Messgrößen der Leistung der Lieferkette (Flexibilität der Logistikprozesse, Auftragsabwicklung und Informationsaustausch) umfasst. Diese Studie wurde auf der Grundlage von Einzelhandelsunternehmen für Mineralölprodukte als Analyseeinheit entwickelt und verankert, um sie zu einem einzigen allgemeinen Konzept zusammenzufassen. So wurden beispielsweise Software als Dienstleistung, Plattform als Dienstleistung und Infrastruktur als Dienstleistung (Chen et al., 2016; Wu, 2011; Mell & Grance, 2011), Flexibilität der Logistikprozesse (Mihi-Ramirez et al., 2012), Auftragsabwicklung (Misra & Sharan, 2014) und Informationsaustausch (Barratt & Oke, 2007) in früheren Studien untersucht. Nichtsdestotrotz wird die Untersuchung dieser Elemente auf Unternehmensebene, das TOE-, TAM-, DIT- und SCT-Panorama als ursprüngliche Erweiterung der Forschung untersucht.

Die wissenschaftliche Studie deutet an, dass die Leistung der Lieferkette durch die Einführung von Cloud Computing-Diensten im Unternehmen verbessert werden kann. Die Untersuchung bestätigt die Bedeutung der Flexibilität der logistischen Prozesse, der Auftragsabwicklung und des Informationsaustauschs und zeigt, wie die Einführung von Cloud Computing-Diensten zu Verbesserungen führen kann. Vor diesem Hintergrund entwickelte die Studie ein heuristisches Modell des Einflusses der Einführung von Cloud Computing-Diensten auf die Leistung der Lieferkette.

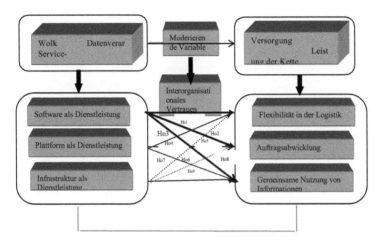

Abbildung 6.1: Operativer Rahmen für den Einfluss der Einführung von Cloud Computing-Diensten auf die Leistung der Lieferkette .
Quelle: Desk Research des Autors, 2019.

Schlüssel

Sehr starker Einfluss
____ Mäßiger Einfluss
Einfluss auf die Woche

Die gepunkteten Linien zeigen einen schwachen signifikanten Einfluss. Die gestrichelten Linien zeigen einen schwachen signifikanten Einfluss, einen sehr starken und einen starken Einfluss, und die geraden Linien stellen einen moderaten Einfluss unseres Modells dar. Dies ist der Beitrag der These

6.7. Empfehlungen

Es werden die folgenden Empfehlungen ausgesprochen:

1. Das Management von Mineralölvertriebsunternehmen sollte Cloud Computing-Dienste einsetzen, die in der Lage sind, die Leistung der Lieferkette positiv zu beeinflussen und die Flexibilität der Logistikprozesse, die Auftragsabwicklung und den Informationsaustausch in ihrer Branche zu verbessern.

2. Manager sollten sich mehr auf die Einführung von Software as a Service und Platform as a Service konzentrieren, da dies Dimensionen der Einführung von Cloud Computing-Diensten sind, die die Leistung der Lieferkette vorhersagen.

3. Die Marketingverantwortlichen des Einzelhandels sollten darauf vorbereitet sein, solide unternehmensübergreifende Vertrauenspraktiken zu entwickeln, die die Einführung von Cloud Computing-Diensten fördern und die Leistung der Lieferkette in

ihren Unternehmen erheblich verbessern.

Nachdem wir uns mit den Auswirkungen unserer Ergebnisse befasst und einige Empfehlungen für nigerianische Mineralölvertriebsunternehmen ausgesprochen haben, werden im nächsten Abschnitt Vorschläge für weitere Studien unterbreitet.

6.8 : Vorschläge für weitere Studien

1. Für diese Studie wurde eine Stichprobengröße von 202 Befragten im nigerianischen Bundesstaat Rivers verwendet. Empirische Studien sollten mit einer größeren Stichprobe durchgeführt werden, um die Angemessenheit der Ergebnisse der Studie zu verbessern.
2. In dieser Studie wurden nur 55 Mineralölvertriebsunternehmen im Bundesstaat Rivers untersucht und die Ergebnisse und Schlussfolgerungen berichtet. Diese Studie sollte in weiteren nigerianischen Bundesstaaten wiederholt werden, um eine Differenzierung dieser Studie zu ermöglichen.
3. Weitere Untersuchungen über die Einführung von Cloud Computing-Diensten und die Leistung der Lieferkette in Mineralölvertriebsunternehmen, bei denen die Kunden als Teilnehmer fungieren, müssen durchgeführt werden, um einen Vergleich mit dieser Arbeit zu ermöglichen.
4. Weitere Untersuchungen zur Einführung von Cloud Computing-Diensten sollten auch in Dienstleistungsunternehmen durchgeführt werden, um die Ergebnisse dieser Studie zu untermauern.
5. Da diese Studie nur die Erfahrungen von Managern von Mineralölvertriebsunternehmen mit Cloud-Computing-Diensten in Nigeria untersucht, sollte die Forschung auf andere Länder ausgedehnt werden.

6.9 Beschränkungen der Forschung

Der Einfluss der Einführung von Cloud Computing-Diensten auf die Cloud-Deployment-Modelle wurde nicht berücksichtigt, die Vernachlässigung der Cloud-Deployment-Modelle ist eine Einschränkung der vorliegenden Untersuchung.

Außerdem wurden die Daten für die Studie innerhalb von sechs Monaten, genauer gesagt von September bis Dezember 2018, an zwei verschiedenen Orten (Tanklager und Tankstellen) erhoben, und es wurden nur 55 Mineralölvertriebsunternehmen untersucht.

REFERENZEN

Abbaki, M., Tarhini, A. Hassouna, M. & Shah, F. (2015). Soziale Organisation, Demographie und Individuen Technologieakzeptanzverhalten: A conceptual model. *European Scientific Journal, 11 (9), 48-76.*

Alshamaila, Y., Pagiannidis, S. & Li, F. (2013). Cloud Computing adoption by SMEs in the North East of Eng.

Ambrust, M., Fox, A., Griffith, R., Joseph, A. Katz, R., Konwinski, A., Lee, G., Patterson, D., Rabkin, A., Stoica, 1. & Zaharia M. (2010). Ein Blick auf das Cloud Computing. *Common ACM 53(4), 50-58.*

Barratt, M. & Oke, A. (2007). Antezedenzien der Sichtbarkeit der Lieferkette in Einzelhandelslieferketten: A resource-based theory perspective. *Journal of Operations Management, 29 (4), 329-342.*

Ben-Daya, M. & Raouf, A. (1994). Inventory models involving lead-time as a decision variable. *Journal of the Operational Research Society, 45, 579-582.*

Burda, D. & Teuteberg, F. (2014). Die Rolle von Vertrauen und Risikowahrnehmung bei der Cloud-Archivierung - Ergebnisse einer empirischen Studie. *Journal of High Technology Management Research, 25 (2), 172-187.*

Buttler, B. (2013). PaaS: Was ist Platform as a Service und warum ist es wichtig? *Network World Februar 11.*

Chahal, R. & Singh, S. (2016). Fuzzy Rule-Based expert system for determining Trust worthiness of cloud service providers. *International Journal of Fuzzy Systems, 19 (2), 338-354.*

Chen, Y. & Huang, Y. (2014). Eine empirische Analyse der Software-as-a-Service-Entwicklungsmethode und ihrer Auswirkungen auf das Unternehmen. *Fünfunddreißigste internationale Konferenz über Informationssysteme*, Auckland.

G2 World Inc (2017). Beste (PaaS) Software. Abgerufen von www.google.com. Abgerufen am 13. Juni 2018.

Guru 99 (2019). Cloud Computing Tutorial für Anfänger. Abgerufen von www.google.com. Abgerufen am 29. Januar 2019.

Hutt, M. (2019). IaaS vs PaaS: The Difference. ezTalks Video Meeting. Abgerufen von WWW.google.com. Accessed on January 29, 2019.

Kaplan, R. S. & Norton, D. P. (1992). Die Balanced Scorecard - Maßnahmen, die die
Lian, J., Yen, D.C. & Wang, Y. (2014). Eine Studie zum Verständnis der kritischen Faktoren,

die die Entscheidung zur Einführung von Cloud Computing in einem Krankenhaus in Taiwan beeinflussen. *International Journal of Information Management.* 34(1), 28-36.

Liu, G., Shah, R. & Schroeder, R.G. (2012). Die Beziehungen zwischen funktionaler Integration, Massenanpassung und Unternehmensleistung. Integration, Massenanpassung und Unternehmensleistung. *International Journal of Production Research, 50 (3), 677-690.*

Lu, Y. & Ramamurthy, K. (2011). Verständnis des Zusammenhangs zwischen informationstechnologischen Fähigkeiten und organisatorischer Agilität: An empirical examination. *MIS Quarterly, 35 (4), 931-954.*

Malhotra, M. & Macketprang, A. W. (2012). Complementary capabilities. *Journal of Operations Management, 30 (3), 180-200.*

Marston, S., Li, Z., Bandyopadhyay, S., Zhang, J. & Ghalsasi, A. (2011). Cloud Computing - Die Unternehmensperspektive. *Decision Support Systems, 51 (1), 176-189.*

Mell, P. & Grance, T. (2011). Die NIST-Definition von Cloud Computing. Gaithersburg, MD: *Nationales Institut für Normen und Technologie.*

Misra, S. & Mondal, A. (2011). Identifizierung der Eignung eines Unternehmens für die Einführung von Cloud Computing und Modellierung der entsprechenden Investitionsrendite. *Mathematical and Computer Modeling 53(3-4),*

Nwokah, N. (2008). Strategische Marketingorientierung und Unternehmensleistung. Europäische
Zeitschrift für Marketing, 42 (314), 279-289.

Rezar, R., Chiew, T. K, Lee, S. P. & Shams Aliee, Z. (2014). A Semantic interoperability framework for software as a service system in cloud computing environments. Ekpert systems with Applications, 41 (13), 5751-5770.

Rubin, A. Babbie, E. (2001). *Research Method for Social Works* (3rd ed). Beimont, Wadsworth.

Selvaraj, A. & Sundarajan, S. (2017). Evidenzbasierte Vertrauensbewertungssysteme für Cloud-Dienste mit Fuzzy-Logik. *International Journal of Fuzzy Systems,* 19 (2), 329-337.

Sidhu, J. & Singh, S. (2016). Improved TOPSIS method-based trust evaluation framework f or determining trustworthiness of cloud service providers. *Journal of Grid Computing,* 1-25.
Son, I., Lee, D., Lee, J.N. & Change, V.B. (2014). Marktwahrnehmung von Cloud-

Computing-Initiativen in Unternehmen: An extended resource-based view. *Information and Management 51(5), 653-669.*

Soon, Q.H. & Udin, Z.M. (2011). Supply Chain Management aus der Perspektive der Flexibilität der Wertschöpfungskette: *An exploratory study Journal of manufacturing Technology Management, 22 (4) 504-526.*

Stevenson, M. & Spring, M. (2009). Flexibilität in der Lieferkette: Eine zwischenbetriebliche empirische Studie.
Internationale Zeitschrift für Betriebs- und Produktionsmanagement 29 (9), 946-671.

Sultan, N.A. (2011). Der Griff in die Wolke: How SMEs can manage. *Internationale Zeitschrift für Informationsmanagement, 31 (3), 272-278.*

Tang, M., Dai, X., Liv, J. & Chen, J. (2016). Towards a trust evaluation middleware for cloud service selection. Future Generation Computer Systems.

Thun, J.H. (2010). Winkel der Integration: Eine empirische Analyse der Ausrichtung von internetbasierter Informationstechnologie und globalem Supply Chain Management. *Zeitschrift für Lieferkettenmanagement, 46 (2), 30-44.*

Tornatzky, L. & Fleischer, M. (1990). *Der Prozess der technologischen Innovation.* Lexington, Mass, USA. Lexington Books.

Venkatesh, V. & Bala, H. (2008). Technologieakzeptanzmodell 3 und eine Forschungsagenda zu Interventionen. *Entscheidungswissenschaften*, 39 (2) 425-478.

Wang, E., Hu, H. & Hu, P. (2013). Untersuchung der Rolle der Informationstechnologie bei der Kultivierung der dynamischen Marketingfähigkeiten von Unternehmen. *Information and Management, 50 (6), 336-343.*

Wu, W.W., Lan, L.W. & Lee, Y.T. (2011). Untersuchung der entscheidenden Faktoren, die die Einführung von SaaS in einem Unternehmen beeinflussen: A case study. *International Journal of Information Management. 31(6) 55.*

Xie, X., Liu, R., Cheng, X., Hu, X. & Ni, J. (2016). Trust-Driven and PSO-SFLA based Job scheduling algorithm on cloud. *Intelligent Automation and Soft Computing, 22 (4), 1-6.*

Yan, J., Xin, S., Liu, Q., Xu, W., Yang, L., Fan, L., Chen, B. & Wang, Q. (2014). Intelligente Lieferkettenintegration und -verwaltung basierend auf der Cloud der Dinge. *International Journal of Distributed Sensor Networks.1-15.*

Yang, Z., Sun, J., Zhang, Y & Wang, Y. (2015). Das Verständnis der SaaS-Adoption aus der Perspektive der Nutzer einer Organisation: A tripod rendiness model. *Computers in Human Behaviour, 45, 254-264.*

QUESTIONNAIRE

EIN FORSCHUNGSFRAGEBOGEN ÜBER DIE EINFÜHRUNG VON CLOUD COMPUTING-DIENSTEN UND DIE LEISTUNG DER LIEFERKETTE VON EINZELHANDELSUNTERNEHMEN IM MINERALÖLHANDEL

Abschnitt A
Befragte/Unternehmenshintergrund

(Bitte kreuzen Sie das Kästchen Ihrer Wahl auf den Informationen an, das die angemessenste Antwort auf das angesprochene Problem darstellt).

1. GENDER
a. Männlich b Weiblich

2. ALTERSSCHRÄNKE
a. 18-27 Jahre
b. 28-37 Jahre
c. 38-47 Jahre
d. 48 und mehr

3. VERHEIRATUNGSSTATUS a Verheiratet
b Ledig c. Witwe d. Scheidung.

4. BETRIEBSZUGEHÖRIGKEIT
a. 1-10 Jahre
b. 11-20 Jahre
c. 21-30 Jahre
d. 31 und mehr

5. BILDUNGSABSCHLUSS
a. SSCE/OND
b. HND/B.SC
c. MBA/MSc
d. PhD

5. TITEL DER BEFRAGTEN
a. Tankstellenleiter
b. Leiter Transport/Logistik
c. Leiter einer Tankstelle
d. Tankstellenaufsichtsbeamter

Abschnitt B
Variablen der Studie
Einführung von Cloud Computing-Diensten

In diesem Abschnitt konzentrieren Sie sich bitte auf die Aktivitäten Ihres Unternehmens zur Einführung von Cloud Computing-Diensten. Wählen Sie Ihre Antwort auf jede Aussage zu jeder Frage aus, indem Sie das Kästchen Ihrer Wahl unten ankreuzen:

S/N	Einführung von Cloud Computing-Diensten				
	Software als Dienstleistung (SaaS)				
1	In welchem Umfang nutzt Ihr Unternehmen SaaS?				
2	Ihr Unternehmen nutzt SaaS für den Betrieb?				
3	In welchem Umfang nutzt Ihr Unternehmen SaaS um die Leistung der Lieferkette zu verbessern?				
4	Inwieweit setzt Ihr Unternehmen Software, um die Erbringung von Dienstleistungen zu unterstützen?				
5	Inwieweit erleichtert Ihr Unternehmen die Produktbereitstellung durch SaaS-Anwendungen von Quelle?				
	Plattform als Dienstleistung (PaaS)				
6	Inwieweit ermöglicht PaaS Ihre Unternehmen ihre Komponenten verwalten?				
7	Inwieweit stellt die Einführung von PaaS Ihrem Unternehmen nützliche Pakete zur Verfügung für Effizenz der Unternehmensführung?				
8	Inwieweit verbessert die Einführung von PaaS die Fähigkeit Ihres Unternehmens, in den folgenden Bereichen gute Leistungen zu erbringen Zeit bis zur Markteinführung bei geringeren Kosten?				
9	In welchem Umfang setzt Ihr Unternehmen PaaS ein? für die Ausführung von Dienstleistungen?				
10	In welchem Umfang nutzt Ihr Unternehmen PaaS für Outsourcing?				
	Infrastruktur als Dienstleistung (IaaS)				
11	In welchem Umfang setzt Ihr Unternehmen IaaS ein? für Operationen?				
12	In welchem Umfang nutzt Ihr Unternehmen IaaS für eine schnelle und einfache Produktlieferung?				
13	In welchem Umfang ist Ihr Unternehmen abhängig von IaaS, um Kosten zu lokalisieren und die Leistung zu verbessern?				
14	In w e l c h e m Umfang zahlt Ihr Unternehmen Abonnement für die IaaS-Nutzung?				
15	In welchem Umfang führt Ihr Unternehmen ein höheres Wartungsniveau durch den Einsatz von IaaS?				

ABSCHNITT C
Variablen der Studie
Leistung der Lieferkette

In diesem Abschnitt konzentrieren Sie sich bitte auf die Aktivitäten Ihres Unternehmens zur Verbesserung der Lieferkette. Wählen Sie Ihre Antwort auf jede Aussage zu jeder Frage aus, indem Sie das Kästchen Ihrer Wahl unten ankreuzen:

S/N	Leistung der Lieferkette					
16	Inwieweit ist die Leistung Ihrer Unternehmen ermutigt?					
17	Inwieweit pflegt Ihr Unternehmen einen ausgezeichneten Kontakt zu seinen Kunden? und Lieferanten?					
18	Inwieweit sind die Nachfrageprognosen in unserem Unternehmen korrekt?					
19	Inwieweit wirkt sich die Einführung von Cloud Computing auf die Gesamtleistung Ihres Unternehmens im Hinblick auf die Wettbewerbsfähigkeit aus? Vorteil?					
	Flexibilität der Logistikprozesse (LPF)					
20	In welchem Umfang entdeckt Ihr Unternehmen alternative Anbieter leicht finden?					
21	In welchem Umfang hat Ihr Unternehmen Zugang zu alternative Ausrüstung irgendwo?					
22	Inwieweit reagiert Ihr Unternehmen proaktiv auf Veränderungen in seiner Branche?					
23	Inwieweit führt Ihr Unternehmen die alternative Anreize für die Lieferung von Geräten?					
	Auftragsabwicklung (OF)					
24	Inwieweit ist die Bestellung perfekt das Leitmotiv Ihres Unternehmens erfüllen?					
25	Inwieweit ist die Auftragsannahmezeit in Ihrem Unternehmen drastisch reduziert?					
26	Inwieweit wird die Lieferung in Ihrem Unternehmen stark verbessert?					
27	Inwieweit erleben Ihre Kunden eine pünktliche Lieferung?					
	Informationsaustausch (IS)					
28	Inwieweit ist Ihr Unternehmen rechtzeitigen Informationsaustausch mit ihren Partnern?					
29	Inwieweit ist Ihr Unternehmen und seine legen die Partner Wert auf den Austausch von Informationen?					
30	Inwieweit wirkt sich der Informationsaustausch zwischen Ihrem Unternehmen und seinen Partnern positiv auf die Gesamtleistung Ihres Unternehmens aus?					

	Wettbewerbsvorteil.					
31	Unser Unternehmen bezieht seine wichtigsten Kunden in den Informationsaustausch ein?					

ABSCHNITT D
Studienvariable Interorganisationales Vertrauen

In diesem Abschnitt konzentrieren Sie sich bitte auf die Aktivitäten Ihres Unternehmens im Bereich des interorganisationalen Vertrauens. Wählen Sie Ihre Antwort auf jede Aussage zu jeder Frage, indem Sie das Kästchen Ihrer Wahl unten ankreuzen:

S/N	Interorganisationales Vertrauen					
32	In welchem Umfang behandelt Ihr Unternehmen Vertrauen als eine heikle Angelegenheit?					
33	In welchem Umfang akzeptiert Ihr Unternehmen die Grundvoraussetzung für Vertrauen?					
34	Inwieweit ist interorganisatorisches Vertrauen wichtig für die Beziehung zwischen Ihrem Unternehmen und seinen Partnern?					
35	Auf dem Weg dorthin vertrauen Sie interaktive Informationen in Ihrem Unternehmen voranzutreiben?					

ÜBER DEN AUTOR

Dr. Mac-Kingsley Ikegwuru ist Senior Lecturer in der Abteilung für Marketing an der Rivers State University in Port Harcourt, Nigeria. Er hat einen B.Sc. und einen MSc in Marketing, einen Doktortitel in Marketing (Option Supply Chain), ein Post Graduate Diploma in Education (PGDE) und ein Professional Post Graduate Diploma in Supply Chain Management and Warehousing. Zu seinen Spezialgebieten gehören: Digitales Lieferkettenmanagement und intelligente Logistik. Er hat mehrere Artikel in nationalen und internationalen Fachzeitschriften veröffentlicht und ist Mitautor von drei Büchern. Er ist Fellow des Africa Institute of Chartered Marketers (FAICM) Namibia, Fellow African Supply Chain Management and Warehousing Institute (FASCWI) Namibia, Mitglied der Association of Management and Social Science Researchers (AMSSR) Nigeria und Mitglied des Teachers Registration Council of Nigeria (TRCN). Dr. Mac- Kingsley Ikegwuru ist der beratende Direktor von Best Value Crest Educational Services, Port- Harcourt, Nigeria.

I want morebooks!

Buy your books fast and straightforward online - at one of world's fastest growing online book stores! Environmentally sound due to Print-on-Demand technologies.

Buy your books online at
www.morebooks.shop

Kaufen Sie Ihre Bücher schnell und unkompliziert online – auf einer der am schnellsten wachsenden Buchhandelsplattformen weltweit! Dank Print-On-Demand umwelt- und ressourcenschonend produziert.

Bücher schneller online kaufen
www.morebooks.shop

 info@omniscriptum.com
www.omniscriptum.com

Milton Keynes UK
Ingram Content Group UK Ltd.
UKHW030617061024
449204UK00001B/101